# 海底联络通道冻结施工关键技术

HAIDI LIANLUO TONGDAO DONGJIE SHIGONG
GUANJIAN JISHU

岳丰田　苏文德　周建军　陆路　张兵　著

## 内容简介

本书以厦门轨道交通 2 号线、3 号线跨海区间隧道联络通道冻结施工工程为基础,介绍了海底隧道联络通道冻结施工涉及地层的冻结参数、基本理论和冻结法施工的关键技术,以及海底施工环境对冻结施工影响的应对技术措施。

本书可以作为海底环境下冻结法设计和施工的参考书,也可供从事岩土工程和地下工程学习与研究的院校师生及其他科技工作者参考。

### 图书在版编目(CIP)数据

海底联络通道冻结施工关键技术/岳丰田等著.—武汉:中国地质大学出版社,2020.12
ISBN 978-7-5625-4958-1

Ⅰ.①海…
Ⅱ.①岳…
Ⅲ.①水下隧道-隧道施工-冻结法施工
Ⅳ.①U459.5

中国版本图书馆 CIP 数据核字(2020)第 247147 号

| 海底联络通道冻结施工关键技术 | 岳丰田 等著 |
|---|---|
| 责任编辑:王凤林 | 责任校对:张咏梅 |
| 出版发行:中国地质大学出版社(武汉市洪山区鲁磨路 388 号) | 邮编:430074 |
| 电　　话:(027)67883511　　传　　真:(027)67883580 | E-mail:cbb@cug.edu.cn |
| 经　　销:全国新华书店 | http://cugp.cug.edu.cn |
| 开本:787 毫米×1 092 毫米　1/16 | 字数:304 千字　　印张:12 |
| 版次:2020 年 12 月第 1 版 | 印次:2020 年 12 月第 1 次印刷 |
| 印刷:湖北睿智印务有限公司 | |
| ISBN 978-7-5625-4958-1 | 定价:98.00 元 |

如有印装质量问题请与印刷厂联系调换

# 前　言

　　用人工冻结法来修建隧道联络通道就是利用人工地层冻结技术,在含水不稳定的地层中钻铺冻结器,利用低温盐水循环,降低地层温度,将天然岩土变成冻土,形成完整性好、强度高、不透水的临时冻结加固体,从而在其保护下进行通道的开挖和衬砌。这是在含水不稳定的地层中修筑地下工程时使用的特殊工法,实质是利用人工制冷技术来临时改变岩土性质以固结地层。地层冻结是一个复杂的物理力学过程,土体中的水分在温度场的作用下相变为冰,胶结土颗粒,同时体积膨胀,产生冻胀,而冻胀受限时产生的冻胀应力往往能使上部建筑物、构筑物变形甚至破坏,因此临时冻结加固体的稳定与否更是事关重大。冻结法应用于矿井建设的技术较成熟,而对于城市地下工程中的冻结法设计和施工技术研究相对偏少,具体工程的设计和施工多是借鉴矿井建设中的冻结技术研究成果,缺少针对性设计和施工技术研究。冻结法施工是市政工程施工过程中风险较大的施工方法,施工工序复杂,工序转换快。冻结法应用于城市市政工程的设计、施工,以及工程质量监督、检查、验收。实现其科学化、规范化,同时冻结法施工形成冻结帷幕的物理力学性质与土层的性质密切相关,需要对城市地下工程冻结法施工涉及的土层进行实验室测试,获得相应土层的相关参数。考虑到冻结帷幕材料的蠕变特性,如冻土的受力特性与传统的混凝土材料差别较大、传统的设计手段和方法得到的设计结果与实际情况差别较大,因此需要在设计中采取与冻结帷幕的蠕变特性相适应的计算方法。

　　形成有效的冻结帷幕是冻结法应用过程安全的前提,很多因素会导致冻结帷幕不发展或者不交圈,其中地下渗流水是不可忽略的因素。地层中地下水流动会导致冻结壁交圈时间延迟,冻结壁厚度发展不均匀,冻结壁局部强度、稳定性降低,从而可能导致冻结工程的失败。《煤炭煤矿冻结法开凿立井工程技术规范》和《上海市工程建设规范旁通道冻结法技术规程》均明确规定了地下水流速对冻结工程危害的应对措施,认为当冻结工程所在含水层的地下水渗透速度超过 5m/d 时,冻结设计及施工应该优化冻结设计参数或者采取相应的技术措施,以避免在冻结和开挖施工过程中发生险情。

　　目前,国内地铁联络通道施工时为了更加安全高效,广泛地使用水平冻结加固方法进行联络通道施工。城市地铁施工中由于人工降水等诸多原因,难免会造成地下水的大量流动。在地铁联络通道水平冻结施工过程中,活动频繁的地下水对冻结帷幕的发展有着明显的危害,忽略地下水影响的温度场分析显然不够完善。地铁联络通道水平冻结法在研究和应用过程中多忽略了地下水的影响,因此仅考虑静水条件下冻结温度场发展时的冻结设计参数显然是不合理的。在冻结法越来越多地应用于地铁联络通道及相关工程的背景下,由于地下水活动造成冻结工程的失败案例有所增多。根据已有的研究成果发现,渗流水作用下冻结壁对于相同位置在各个方向的厚度发展是不均衡的。与静水条件下的情况不同,由于渗流场对温度场产生了影响,导致了冻结壁在不同方向路径上冻土的发展速度明显不同,从而使得冻结壁在主面、界面以及上下游的厚度存在差异,冻结壁交圈时间发生改变,尤其是对根据测温孔进行冻结壁厚度的推测结果会产生较大影响。随着城市地铁的快速发展,联络通道冻结工程应用不断增多,面临的工程条件越来越复杂,更加安全高效地在联络通道建设中应用冻结法愈发重要。对于地下水渗流条件下的地铁联络通道渗流场、温度场耦合分析的有关研究相对较少,导致重视程度不足,缺乏可靠研究依据。

一般来讲,水下隧道联络通道的埋深较深,同时与上部水体的水力联系丰富,故在水下联络通道加固施工中,人工冻结法可以充分发挥其优点。近年来,国内应用冻结法加固修建水下联络通道的工程主要集中在黄浦江、钱塘江和长江,施工的地点分布在上海、武汉、杭州等多个地区,近年来完成的工程主要如下文所述。

1. 上海大连路越江隧道黄浦江下1♯、2♯联络通道冻结工程

(1)采用盐水、水平和倾斜孔冻结方式。1♯通道施工期3个月,2♯通道施工期两个半月。

(2)大连路隧道结构外径为10.04m(盾构直径为11.22m),双向四车道,线路总长2.5km。

(3)1♯联络通道净距为25.665m(东西两隧道高差为3.565m,中心间距为35.705m,目前为世界用冻结法施工的最长水下联络通道),2♯联络通道净距为17.175m。1♯和2♯的联络通道相距400m,通道建成后净断面为1.4m×2.7m。

(4)施工地层主要为⑦$_1$砂质粉土,承压水层。在动力作用下易产生流动,具有很强的冻胀和融沉特性。

(5)冻结施工前进行了调研,并做了冻土力学特性和有载模拟试验,开展了理论计算研究,制订了一套完善的软土层水平冻结大连路隧道的冻结施工技术设计方案。

(6)双圈布置冻结孔,内圈为长孔,外圈为加强喇叭口冻结设计的短孔。冻结孔径为Φ89mm,1♯通道制冷量为$43.26×10^4$kJ/h,2♯通道制冷量为$34.44×10^4$kJ/h。

(7)信息化施工,实施多项的实时监测,对冻土区及其周围的环境进行温度、压力和变形监测。

(8)采取综合冻胀和融沉防治技术,施工结果有效地控制了冻胀和融沉对已建隧道的影响。隧道路面地升降小于3mm,水平位移为4mm。

2. 上海复兴路越江隧道黄浦江下双层联络通道冻结工程

(1)采用盐水水平和倾斜孔冻结方式。

(2)复兴路北线和南线越江隧道均设有双层车道。两隧道间设置4条联络通道,其净距离为9~10.2m。

(3)施工土层浦东段上层联络通道主要位于④号暗绿色—草黄色黏土层中,其下层在⑦$_{1-1}$砂质粉土和⑦$_{1-2}$砂土层中。浦西段上、下层联络通道均位于⑦$_{1-1}$和⑦$_{1-2}$土层之中。

(4)双圈布置冻结孔,内圈为长孔,外圈短孔为加强喇叭口冻结。

(5)信息化施工,开展多参数实时监测。

(6)冻结帷幕厚度为 1.8~2.0m,冷冻机制冷量为 151.2×10⁴ kJ/h,盐水温度-30~-28℃。

**3. 上海市翔殷路越江隧道 1#、2# 联络通道冻结工程**

(1)盾构隧道段每孔外径为 11.56m,内径为 10.4m。

(2)浦东侧的 1# 联络通道南、北线隧道中心距为 22.91m,北线中心标高为-27.692m,南线中心标高为-27.794m。浦西侧 2# 联络通道南、北线隧道中心间距为 22.33m,北线隧道中心标高为-28.676m,南线中心标高为-28.694m。

(3)采用盐水水平和倾斜孔冻结方式。

(4)施工范围内土层主要为⑦$_1$草黄色—灰色砂质粉土。

(5)双圈布置冻结孔,内圈为长孔,外圈短孔为加强喇叭口冻结。

(6)信息化施工,开展多参数实时监测。

(7)冻结帷幕厚度为 1.8~2.0m,冷冻机制冷量为 36.12×10⁴ kJ/h,盐水温度为-30~-28℃。

**4. 上海地铁 2 号线南京东路站到陆家嘴站区间隧道联络通道冻结工程**

(1)盾构隧道外径为 6.47m。

(2)采用盐水水平和倾斜孔冻结方式。

(3)施工范围内土层主要为⑦$_1$草黄色—灰色砂质粉土。

(4)单圈布置冻结孔。

(5)排水管出现断裂漏水后,采用液氮低温快速冻结加固,创造修复环境。

**5. 上海长江隧道工程江中段联络通道冻结工程**

(1)盾构隧道外径为 15.2m,设置 8 条联络通道。

(2)联络通道冻结涉及的土层主要为⑤$_2$灰色粉质黏土,土层流塑、饱和,自稳性差,具富含地下水和在动力作用下易流变的特点,开挖后天然土体本身难以自稳,易发生水砂突出。

(3)联络通道结构为圆形,采用盐水水平和倾斜孔冻结方式。

(4)布置双圈冻结孔,并从联络通道两端分别打孔。

**6. 武汉地铁 2 号线江汉路站—积玉桥站越江区间隧道冻结工程**

(1)盾构隧道外径为 6.20m,设置 5 条联络通道,其中 2#、3# 位于长江水下。

(2)采用盐水水平和倾斜孔冻结方式。

(3)3# 联络通道线间距为 13.0m,联络通道位置隧道中心标高左线为-23.486m,右线为-23.737m,江底标高为-6.0~-3.9m,长江武汉段历史最高水位 29.73m,历史最低水位 8.87m。

(4)采用双圈布置冻结孔的方式。

**7. 武汉地铁 4 号线二期复兴路站—拦江路站区间隧道冻结工程**

(1)盾构隧道外径为 6.20m,设置 3 条联络通道,其中 1#、2# 位于长江水下。

(2)采用盐水水平和倾斜孔冻结方式。

(3)2#联络通道线间距为13.0m,联络通道位置隧道中心标高左线为-25.48m,右线为-25.493m,江底标高为2.27m。

(4)施工位置所处的土层为粉细砂层,孔隙水压力大,与长江水有直接水力联系。

(5)采用双圈布置冻结孔方式。

本书依托厦门轨道交通2号线和3号线跨海区间隧道联络通道冻结法施工工程,系统介绍了海底联络通道及泵站的设计和施工过程,以及提高冻结法施工技术水平的关键技术等,以跨海隧道联络通道及泵站的冻结施工为对象,研究海底地层(岩石)冻结加固技术,通过相关的施工技术研究,解决海底联络通道及泵站冻结加固施工中的技术问题,控制施工期间的地层稳定,确保联络通道施工安全。本书主要内容包括冻结施工涉及相关地层的冻土物理力学参数和热物理参数的测试,为联络通道设计提供准确的数据;制定标准的冻土帷幕结构计算方法;在研究冻胀和融沉机理的基础上给出冻胀和融沉的控制方法,通过冻结信息化施工技术研究,强调冻结过程控制,对冻结、开挖、结构砌筑等一系列过程制定合适的监测和质量控制方法,从而建立一整套地铁隧道联络通道冻结法设计、施工、监测的控制方法,以保证冻结施工的安全和顺利。

本书可以作为海底环境下冻结法施工关键技术的参考书,也可以供海底隧道联络通道的建设技术人员参考。本书的出版对我国冻结工程领域的设计和施工具有一定的指导意义,会进一步推动人工冻结法在地下工程建设中的应用。

由于编者水平有限,时间仓促,书中难免存在缺点和错误,殷切地希望广大读者批评指正,也欢迎业内人士共同探讨。

著 者

2020年6月

# 目 录

1 概 述 ……………………………………………………………………………………… (1)
   1.1 人工地层冻结法 ……………………………………………………………………… (1)
   1.2 厦门地铁海底联络通道基本情况 …………………………………………………… (8)
   1.3 厦门地铁海底联络通道施工区域的地质条件 ……………………………………… (15)

2 海底地层的冻土物理力学性质及热物理指标 …………………………………………… (19)
   2.1 海底地层试验土样的钻取 …………………………………………………………… (20)
   2.2 地层的可冻性参数分析 ……………………………………………………………… (22)
   2.3 地层的冻结过程参数测试 …………………………………………………………… (24)
   2.4 地层形成冻结壁的力学性能参数 …………………………………………………… (28)
   2.5 冻土试样的冻胀率测试 ……………………………………………………………… (33)

3 海底联络通道冻结法设计与施工 ………………………………………………………… (36)
   3.1 海底联络通道的冻结法设计技术 …………………………………………………… (36)
   3.2 海底联络通道冻结施工工艺 ………………………………………………………… (42)
   3.3 海底联络通道的掘砌和结构施工工艺 ……………………………………………… (47)

4 海底联络通道冻结信息化施工技术 ……………………………………………………… (57)
   4.1 信息化施工监测的意义 ……………………………………………………………… (57)
   4.2 水平冻结孔偏斜的监测 ……………………………………………………………… (61)
   4.3 冻结体温度场监测 …………………………………………………………………… (65)
   4.4 盐水流量监测 ………………………………………………………………………… (71)
   4.5 冻胀压力监测 ………………………………………………………………………… (72)
   4.6 卸压孔压力监测 ……………………………………………………………………… (74)
   4.7 海底联络通道及泵站结构的健康监测技术研究 …………………………………… (75)

5 联络通道冻结施工对衬砌结构的影响分析 ……………………………………………… (79)
   5.1 海底联络通道冻结过程的模拟实验研究 …………………………………………… (79)
   5.2 融沉对衬砌结构影响的数值模拟研究 ……………………………………………… (91)
   5.3 融沉对衬砌结构影响的模型试验研究 ……………………………………………… (112)
   5.4 分期冻结对衬砌结构影响的数值模拟研究 ………………………………………… (123)
   5.5 分期冻结对衬砌结构影响的模型试验研究 ………………………………………… (135)

**6 地下水渗流对联络通道冻结温度场的影响研究** …………………………………（143）
    6.1 渗流条件下联络通道冻结数值模拟研究 ………………………………（144）
    6.2 渗流条件下联络通道水平冻结模型试验研究 …………………………（153）

**7 海底联络通道冻结施工风险应对与施工管理技术** …………………………（163）
    7.1 施工管理风险 ……………………………………………………………（163）
    7.2 施工技术风险 ……………………………………………………………（166）
    7.3 施工过程风险 ……………………………………………………………（168）

**主要参考文献** ……………………………………………………………………（178）

# 1 概 述

## 1.1 人工地层冻结法

### 1.1.1 基本概念

冻结法修建地铁隧道联络通道就是利用人工地层冻结技术,在含水不稳定的地层中钻铺冻结器,利用低温盐水循环降低地层温度,将天然岩土变成冻土,形成完整性好、强度高、不透水的临时冻结加固体,从而在其保护下进行通道的开挖和衬砌。这是在不稳定的软土层中修筑地下工程中使用的特殊施工法,即在施工遇到高水压下的流砂时是一种有效、快捷、环保的方法。该方法的实质是利用人工制冷临时改变岩土性质以固结地层,其目的主要是为增强土层的稳定性,减少变形和隔断地下水,利用冷媒循环进行热交换从而降低土体温度,使含水土层冻结以形成完整性好、强度高、不透水的临时加固体,达到加固地层、抵抗地层压力并隔绝地下水联系的目的。

地层冻结是一个物理力学过程,土体中的水分在温度场作用下相变为冰,胶结土颗粒,同时体积膨胀,产生冻胀,冻胀受限时产生的冻胀应力往往能使上部建筑物、构筑物变形以至破坏,同时临时冻结加固体的稳定与否更是事关重大。寒冷地区由于土体天然冻结和融化,造成的水利工程、铁路、公路、隧道及各种管线的开裂破坏现象已屡见不鲜。应用于地铁隧道联络通道的人工地层冻结工程一般都位于繁华地段,周围往往存在许多重要的建筑物、设施及管网,如电力电缆、通信电缆、供、排水管、煤气管道等,一旦发生大的地层变形和应力变化,极有可能中断交通,影响城市的正常运行甚至造成灾难性破坏。地铁隧道联络通道冻结技术作为一项新技术,应用在地铁隧道联络通道施工中可以解决其他工法无法解决的技术难题,但是冻结设计与施工中的冻土结构计算方法、冻土强度选取、冻胀和融沉的控制方法等是该工法在工程应用中需要解决的关键技术问题。

目前,人工地层冻结法作为软土地区地下结构临时支护和地基加固的一项成熟技术,在井矿工程、地基临时加固、地下水污染控制、废弃物掩埋等领域已有广泛应用,特别是其在应对淤泥、流砂等不稳定含水层方面的优越性,也越来越受到工程界的广泛关注和重视。地层人工冻结技术起源于天然冻结现象,其应用开始于20世纪。1862年英国首次在南威尔士的建筑基坑中使用了冻结法加固土壤,随后冻结法逐渐成为煤矿建井的传统方法;1872年德国首先将冻结法应用于矿井建设;1880年,德国工程师F. H. Poetch在国际上首次提出并获得人工冻结法专利;1883年,在德国阿尔巴里煤矿中首先应用冻结法施工井筒;1900年人工冻结技术用于矿山施工次数已达60次以上。

人工冻结地层技术在城市土木工程中的应用始于1886年瑞典的24m长人行隧道建设工程。在此后的一个多世纪里,人工冻结技术在许多国家的煤矿、隧道、地铁、建筑基础、工程抢险和环境保护等领域中得到不断应用与发展,并且成为许多工程唯一可选的方法。1979年美国采用冻结法进行了地下核电站基坑施工和直径40m、深6m的烟囱基础施工。英国伦敦市郊地下液态瓦斯库,采用冻结法围护施工直径40m、深度40m的基坑,由于基坑底部处于透水层中,在冻结施工时,在基坑内设置了20个冻结管进行基底局部冻结。

20世纪70—80年代,苏联应用冻结法施工城市地铁、矿井和其他工业建筑的大型工程达200余项,包括莫斯科、圣彼得堡、基辅等城市地铁进站大厅35座,隧道工程35项,同时在高138.5m、重$27 \times 10^{10}$ N的大楼基坑开挖支护中成功采用了冻结法。日本从1962年开始在岩土工程中应用人工冻结地层技术,随后20年中施工了约250个冻结工程,其中通过河流、铁路、公路和其他构筑物下的隧道工程,支承明挖的墙体工程,与盾构施工有关的工程及其他工程分别占20.2%、9.8%、66.9%和3.1%。从20世纪中叶起,波兰、德国、法国、比利时、意大利、奥地利、挪威、西班牙、芬兰、澳大利亚、荷兰、加拿大等国家相继开展了人工冻结技术的应用研究,并日益受到重视。近年来,美国、日本、韩国等国家正在研究将人工冻结地层技术用于核废料处理工程中,这对于防止核废料的环境污染具有重要意义。

我国于1955年首次在开滦林西风井使用盐溶液冻结法凿井并获得成功。20世纪60年代末在北京一期地铁大开挖工程中,曾使用冻结法作护坡工程,长度达90m,挖深20～22m。此后从20世纪80年代中期开始,随着我国地下工程的增多,该技术逐渐由矿山工程向城市各类工程推广应用,并完成了几例基坑工程以及北京、上海地铁的多项隧道水平冻结工程。从1993年起我国在上海地铁联络通道施工的地层加固、上海大连路和复兴路越江隧道的进出洞、上海地铁体育馆段盾构出口拆除工程、长沙路泵站地下工程中采用了冻结法,其他工程如内蒙古海拉尔水泥厂地下卸矿室及皮带走廊工程、安徽凤台淮河大桥主桥墩基础工程、江西九江虎口大桥桥墩工程、广州丫髻沙大桥桩基处理工程等也采用了冻结法。润扬长江公路大桥南岸悬索南锚锭基坑也采用了冻结法进行施工,其主要目的是在锚锭基坑的周围形成可靠的挡水墙,利用冻土墙止水的特点确保基坑内施工的安全性。

冻结使土体的物理力学性质发生了突变,与未冻土相比,冻土的性质发生了较大的改变,主要表现在:①黏聚力增大、强度提高;②土中水结冰,使原来松散含水土体成为不透水土体;③压缩量明显减小;④体积增大。不透水和较高承载力正是土工工程所需要的,是对工程有利的。这种性质的改变使得人工冻土成为一种临时的承载结构,在这一临时承载结构的保护下,可以顺利完成岩土体工程的施工,因而人工冻结地层技术成为施工地下工程的一种重要方法。

人工地层冻结法基本不受地层性质、支护范围和支护深度的限制,能有效防止流砂、涌水以及控制土体的变形,受到了越来越多的重视,是岩土工程尤其是特殊地质和工程条件下的重要方法之一。国外许多国家如德国、法国、美国、加拿大、英国和俄罗斯等,研究和应用人工冻结地层技术起步较早,积累了许多成功经验。现在许多较大规模的国际工程技术公司如Freeze Wall Inc、Moretrench、RKK Soil Freeze Technologies等,在地下工程建设中使用人工土冻结支护方法,并且发展很快。

国内外大量冻结工程的实践表明,冻结法应用具有下述优点。

(1)安全可靠性好。可有效地隔绝地下水。冻结施工使土体中的大部分水结冰,这不仅提高了土的强度,在$-10℃$时其瞬时强度可达到3(黏土)~10MPa(砂土),而且其阻水效果是其他方法所无法比拟的,对于含水量大于10%的任何含水、松散、不稳定地层均可采用冻结法施工技术。

(2)适应性面广。适用于任何含一定水量的松散岩土层,在复杂工程,水文地质如软土、含水不稳定层、流砂、高水压及高地压地层条件下冻结技术有效、可行。如我国北京地铁复八线大北窑—热电厂区间有南、北两条东西走向隧道,南隧道顶部有2m厚的粉细砂层,降低水位后开挖,引起地表塌陷,采用冻结法施工,成功地控制了地层位移。而注浆、地下连续墙等方法对地质条件的适应性差,其加固深度也受到一定的限制。

(3)灵活性好。可以人为地控制冻结体的形状和扩展范围,必要时可以绕过地下障碍物进行冻结。

(4)可控性较好。冻结加固土体均匀、完整。土层注浆和深层搅拌桩只是对土体局部加固,加固范围不易控制,加固体强度不均匀。冻结技术可以把设计的土体全部冻成冻土,冻结加固体均匀,整体性好,可形成地下工程施工帷幕。

(5)污染性小。冻结工程施工最大的污染是钻孔时有少量的泥浆排出。冻结过程不向地层注入任何有害物质,冻结工程完毕后,地层自然融化恢复原有状况,不会在地层留下有碍于其他工程施工的地下障碍物。它作为一种"绿色"施工方法,符合环境岩土工程的发展趋势。

(6)经济上较合理。一般讲,冻结法较其他工法价格昂贵,但对于特殊地层(流砂、含承压水等),国内外的工程实例表明,冻结法工程成本与其他施工法(如注浆法和旋喷桩)成本处于相同的数量级,而且随着加固深度的加大,冻结工法的经济性越来越明显。

冻结法施工本身的特点和施工工艺要求,造成冻结法施工一些缺点和不足,比如冻结过程中产生的冻胀会对周围的结构产生影响,冻结结束后冻结帷幕的融化产生的融沉会造成结构的沉降,冻结过程中受到施工环境的影响大等。这些问题都需要在设计和施工过程中认真考虑,采取针对性的措施,以减少冻结法施工的缺点对施工的影响,保证施工的顺利完成。

## 1.1.2 冻土的形成过程

冻土的形成过程实质上是土中水冻结并将固体颗粒胶结成整体的物理力学性质发生质变的过程。如图1-1所示,土中水的冻结过程可以划分为5个阶段。

(1)冷却段:向土层供冷初期,土体逐渐降温并达到冰点。

(2)过冷段:土体降温至0℃以下时,自由水尚不结冰,呈现过冷现象。

(3)突变段:水过冷后,一旦结晶就立即放出结冰潜热,出现升温现象。

(4)冻结段:温度上升接近0℃时稳定下来,土体中的水结冰,将矿物颗粒胶结成整体形成冻土。

(5)冻土继续冷却段:随着温度的降低,冻土的强度逐渐增大。

冻土的基本成分包括固体矿物颗粒、黏塑性冰包裹体、液相水(未冻水和强结合水)与气

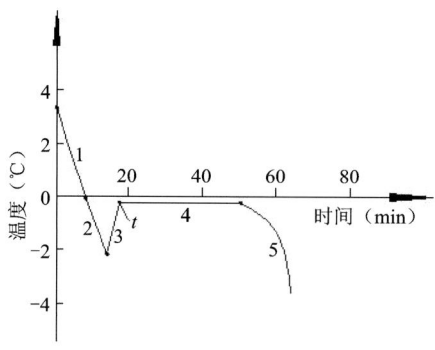

图 1-1 冻土中水冻结过程曲线

态包裹体(水汽和空气)。

(1)冻土的固体矿物颗粒对冻土性质有极为重要的影响。冻土性质不仅取决于矿物颗粒的尺寸和形状,而且取决于矿物颗粒表面的物理化学性质和矿物颗粒的分散度。

(2)冻土中存在着的冰包裹体,其独特的性质在很大程度上制约着冻土的力学性质。冰具有强烈的各相异性,而且即使在极小的应力作用下,都会出现黏塑性变形。在天然条件下由于热动力条件(温度、压力等)经常发生某些变化,冰的性质(组构和黏滞性等)也会随之发生显著变化,这种冰的不稳定性决定了冻土性质的不稳定性。

(3)冻土中的未冻水通常在负温(甚至可达−70℃)下总有一定数量存在,未冻水以强结合状态和弱结合状态两种方式存在。未冻水的含量直接影响到土体的相变潜热,影响土体冻结速度的快慢,而且直接制约着冻土的力学性质。

(4)冻土中的水汽从弹性较高处(主要取决于温度)向弹性较低处转移。在非饱和土中,水汽可能是土温变化和冻结过程中水分重新分布的主要原因。

### 1.1.3 影响土体冻结的物理因素

**1. 未冻水含量**

冻土中未冻水的存在对冻土的强度和热物理性质有着极大的影响。例如,在同样的负温和同样含水量的情况下,冻结砂砾的强度要比冻结黏土的强度高。这是由于砂砾中的水全部冻结成冰,把土粒牢固地胶结在一起;而黏土中则存在着相当数量的未冻水,土粒被胶结的程度差,所以冻结速度慢、强度低。

未冻水含量随土性、温度和外载而变,并与冻结负温保持幂函数形式的动态平衡关系,其数学表达式如下:

$$W_u = a\theta^b \tag{1-1}$$

式中,$W_u$ 为无外载条件下的未冻水含量,%;$\theta$ 为冻土温度,取其绝对值,℃;$a,b$ 为与土质有关的常数,由试验确定。

俄罗斯学者通过研究未冻水含量与负温值之间的关系划分出冻土中水分的 3 个主要相变区:① −5~0℃ 为剧烈相变区。在该区内,温度变化 1℃ 时未冻水含量的变化为 1% 或更大

(与干土重之比)。② $-10\sim-5℃$ 为缓慢过渡区。未冻水含量的变化小于 $1\%$，但大于 $0.1\%$。③ $-10℃$ 以下为实际冻透区。温度每降低 $1℃$，水相变成冰的数量不超过 $0.1\%$。

**2. 土的冻结温度**

土的冻结温度是指土体中的孔隙水稳定冻结的温度。标准大气压下自由水的冻结温度是 $0℃$，但处于矿物颗粒表面力场中的孔隙水，特别是当其呈薄层(薄膜水)时，冻结温度通常低于 $0℃$，这是由与土体矿物颗粒表面的相互作用和水中具有某种数量的盐分所决定的。

在给定含水量及无外载条件下土体的冻结温度可用式(1-2)计算：

$$t_d = -\exp\left(\frac{\ln a - \ln W}{b}\right) \tag{1-2}$$

式中，$t_d$ 为土体的冻结温度，$℃$；$W$ 为土体的含水量，$\%$；$a,b$ 为与土质有关的常数，由试验确定。

在相同初始含水量的情况下，土颗粒细的冻结温度低，土颗粒粗的冻结温度高。一般情况下，当含水量为液限含水量时，黏性土类的冻结温度为 $-0.3\sim-0.1℃$；砂和砂性土的为 $-0.2\sim0℃$。

土的含盐量的大小也影响着其冻结温度的高低，含盐量大，其冻结温度低。而含盐量又与水分有关，土的含水量大，土中盐稀释，冻结温度高；土的含水量小，盐的浓度增大，冻结温度就低。试验表明，当土的含水量不同时，冻结温度也不同，土的冻结温度随含水量的增加而升高。

另外，根据研究成果，承压土的冻结温度计算公式如式(1-3)所示：

$$t_d = t_s + \eta p \tag{1-3}$$

式中，$t_s$ 为无外载条件时含盐湿土的结冰温度，$℃$；$\eta$ 为有外载作用时不含盐湿土结冰温度随外载的平均变化率，一般在 $-0.08\sim-0.07℃/\text{MPa}$ 之间；$p$ 为湿土所受外荷载。

**3. 冻土的热物理指标**

描述冻土热物理性能的主要指标有比热容、导热系数、导温系数、结冰温度、热容量和相变潜热。

1) 比热容

将使 $1\text{kg}$ 冻土温度升高 $1\text{K}$ 所需吸收(或放出)的热量定义为冻土的质量比热容。冻土的质量比热容可按其物质成分的比热容加权平均来计算，如下：

$$C_M = \frac{C_p + (W - W_u)C_i + W_u C_w}{1 + W} \tag{1-4}$$

式中，$C_M$ 为冻土的质量比热容，$\text{kJ}/(\text{kg}\cdot\text{K})$；$C_p$ 为土颗粒的质量比热容，一般 $C_p = 0.71\sim0.84\text{kJ}/(\text{kg}\cdot\text{K})$；$C_i$ 为冰的质量比热容，$C_i = 2.1\text{kJ}/(\text{kg}\cdot\text{K})$；$C_w$ 为水的质量比热容，$C_w = 4.2\text{kJ}/(\text{kg}\cdot\text{K})$；$W$ 为含水量(土中水的质量与土骨架颗粒质量之比)，$\%$；$W_u$ 为未冻水含量(冻土中水的质量与土骨架颗粒质量之比)，$\%$。

将单位体积的冻土温度变化 $1\text{K}$ 所需吸收(或放出)的热量定义为冻土的容积比热容。容积比热容可用式(1-5)计算：

$$C_v = \rho_s C_M \tag{1-5}$$

式中，$C_v$ 为冻土的容积比热容，kJ/(m³·K)；$\rho_s$ 为冻土的干密度（单位体积冻土中土颗粒的质量），一般取 1300～1700kg/m³；其他参数意义同前。

2) 导热系数

当温度梯度为 1K/m 时，单位时间内通过单位面积的热量称为导热系数，用符号 $\lambda$ 表示，其单位为 W/(m·K)，它是反映冻土传热难易程度的指标。

试验结果表明，导热系数与导热体所受外界压力无关，这是人工冻结工程测温孔在浅部测得的数据可用于深部同类土的理论依据。

3) 导温系数

导温系数是传热过程中的热惯性指标，是反映不稳定导热过程中温度变化速度的参数，其值由式(1-6)求得：

$$a = \frac{\lambda}{C_m \rho_s} \tag{1-6}$$

式中，$a$ 为冻土的导温系数，m²/s；其他参数意义同前。

冻土的导温系数随含水量的增大而增大，但达到一定含水量后趋于平稳。

**4. 热容量**

单位体积湿土从初始温度降到某一指定温度时放出的总热量称为土的热容量($Q$)，其值可用式(1-7)计算：

$$Q = Q_1 + Q_2 + Q_3 + Q_4 + Q_5 \tag{1-7}$$

$$Q_1 = W C_w (t_0 - t_d) \rho_s \tag{1-8}$$

$$Q_2 = (W - W_u) L \rho_s \tag{1-9}$$

$$Q_3 = (W - W_u) C_i \rho_s (t_d - t) \tag{1-10}$$

$$Q_4 = W_u C_w \rho_s (t_d - t) \tag{1-11}$$

$$Q_5 = C_p \rho_s (t_0 - t) \tag{1-12}$$

式中，$Q_1$ 为单位体积湿土中的水从原始温度 $t_0$ 降到结冰温度 $t_d$ 所放出的热量，kJ/m³；$Q_2$ 为单位体积湿土中的水结冰放出的潜热，kJ/m³；$L$ 为水的相变潜热，为 335kJ/kg；$Q_3$ 为单位体积冻土中的冰从结冰温度 $t_d$ 降到指定温度 $t$ 所放出的热量，kJ/m³；$Q_4$ 为单位体积冻土中的未冻水从结冰温度 $t_d$ 降到指定温度 $t$ 所放出的热量，工程计算中常略去此项，kJ/m³；$Q_5$ 为单位体积冻土中的土颗粒的温度由 $t_0$ 降到 $t$ 所放出的热量，kJ/m³；$C_p$ 为土颗粒的比热容，kJ/(kg·K)。

**5. 相变潜热**

单位体积土中由于水的相态改变，所放出或吸收的热量可用式(1-13)计算：

$$\psi = L \rho_d (W - W_u) \tag{1-13}$$

式中，$\psi$ 为土的相变潜热，kJ/m³；$L$ 为水的结冰潜热，$L$ = 334.56kJ/kg；$\rho_d$ 为土的干密度，

kg/m³；其他参数意义同前。

### 1.1.4 冻结温度场基本理论

对于冻土来说，空间一切点瞬时温度值的总称为温度场，冻结温度场是研究冻结过程中冻土温度随时间变化的规律。冻结温度场是一个相变的、移动边界的和有内热源的、边界条件复杂的不稳定导热问题。冻结温度场的变化发展影响因素很多，主要有未冻水含量、土的含盐量、冻结温度、相变潜热、导温系数等。

实际冻结过程分为积极冻结期与消极冻结期（又称为维护冻结期）。积极冻结期各点温度不断降低，冻土边界向外扩展；消极冻结期温度场基本稳定。

单孔冻结管作用下的温度场是冻结温度场中最原始和最简单的形式。一般假设其为稳定的一维温度场，常用圆管稳定导热来计算。单孔冻结管一旦开始冻结，即在冻结管周围形成温度场，表现在平面图上，该温度场的等温线是一系列的同心圆。冻土圆柱半径内的区域称为冻结区。随着冻土圆柱半径的增大，等温线之间的距离也增加，冻土圆柱周围的土层温度也随之降低。离冻结管越远，温度越高，最后到达土的正常温度，这一区域是降温区。在降温区以外，岩土的温度为常温的地方即为正常温度区。

实际冻结中常常采用多孔和排孔冻结，且冻结管分布不一定规则。这种情况下冻结范围内任意一点的温度不仅受到两个相邻冻结管的影响，同时还应该受到一定范围内的其他冻结管的影响，即也受到多孔的影响。开始冻结后，随着冻结管道不断供冷，冻土圆柱不断增加，冻土圆柱内的温度场发生变化。随着冻土圆柱的增长，冻结区各等温线距离也要增加，但冻结管壁的温度（当冻结系统不变时）及冻土圆柱外围温度保持不变。在此期间，平面图上的等温线是以各个冻结管轴心为中心的一组同心圆。此后，冻结壁继续发展，相邻的各冻结管的冻土圆柱开始连接，即零度等温线相遇，称为交圈。在冻结圆柱交圈之前，冻结扩展速度较快，冻结圆柱交圈后零度（0℃）等温线的弧度逐渐变缓。在邻近的各个冻土圆柱相连接后，形成一个连续的冻土墙，此时平面图上围绕着冻结管的各个等温线是相互平行的波状曲线，其波峰正对着冻结管。离开冻结管越远，等温线越趋向拉直。

在研究冻结温度场分布时，有3个特征垂直面值得注意，如图1-2所示。其中主面是通过冻结管的轴心并垂直于冻结管连线的平面（AA面）；界面是指相邻两冻结管中心连线的中垂面（BB面）；轴面是通过各邻近冻结管中心的平面（CC面）。掌握上述特征面温度分布的性质对描述整个冻结温度场有着重要的意义。

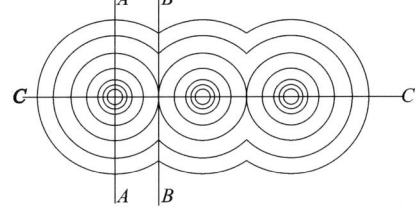

图1-2 多孔冻结特征面示意图

因此，根据热传导理论，不稳定冻结温度场可用如下的导热微分方程表示：

$$\frac{\partial t_n}{\partial \tau} = \frac{\lambda_n}{c_n \rho_n}\left(\frac{\partial^2 t_n}{\partial x^2} + \frac{\partial^2 t_n}{\partial y^2}\right) + \frac{\psi}{c_n \rho_n} \tag{1-14}$$

其中，初始条件：

$$t(x,y,0) = t_0 \tag{1-15}$$

边界条件：
$$t(\infty,\tau) = t_0 \qquad (1-16)$$

在冻结锋面上，永远为冻结温度 $t_d$，在冻结锋面两侧，有热平衡方程：

$$\lambda_2 \frac{\partial t_2}{\partial N} - \lambda_1 \frac{\partial t_1}{\partial N} = \psi \frac{d\xi}{d\tau} \qquad (1-17)$$

在冻结管外表面，有

$$t(r_0,\tau) = t_c \qquad (1-18)$$

式中，$t$ 为土层温度，℃；$n$ 表示土层状态，$n=1$ 表示未冻土，$n=2$ 表示冻土；$\tau$ 为冻结时间，s；$c_n$ 为土的比热，J/(kg·℃)；$\lambda_n$ 为土的导热系数，W/(m·℃)；$\rho_n$ 为土的密度，kg/m³；$\xi$ 为冻结壁边界位置；$N$ 为冻结锋面边界垂直方向；$t_0$ 为初始温度，℃；$t_n$ 为土的不同状态下的结冰温度，℃；$t_c$ 为冻结管外壁温度，℃；$\psi$ 为单位容积岩土冻结时放出的潜热，J/m³；$r_0$ 为冻结管的外直径，m。

## 1.2 厦门地铁海底联络通道基本情况

### 1.2.1 厦门地铁 2 号线越江隧道联络通道工程

厦门地铁 2 号线一期工程西起芦坑站，线路沿海林路敷设，在海沧区政务中心东侧穿越一片人工湖后进规划的 CBD 商务中心，并沿其中央绿轴——海沧大道敷设。线路过海后进入厦门本岛，经港务大厦、邮轮城二期，主要沿湖滨北路—吕岭路敷设，沿途经过建业路、湖滨中路、体育中心、松柏小区、吕厝等地。线路下穿成功大道跨线桥后沿吕岭路敷设，沿途经过中孚花园、蔡塘、古地石、岭兜小区及软件园开发区等地。在环岛干道东侧左转进入半屏山路并沿半屏山路北上，过金钟路后穿五通村、下穿仙岳路后进入湿地公园景区。线路出站后下穿五缘湾和天圆大桥，而后沿环岛干道到达线路终点五缘湾站。

2 号线一期工程共设车站 23 座，均为地下站，其中换乘站 8 座：在海沧 CBD 站与 4 号线换乘，在湖滨中路站与 5 号线换乘，在体育中心站与 3 号线换乘，在吕厝站与 1 号线换乘，在蔡塘站与 BRT 换乘，在岭兜站与 6 号线换乘，在高林站与 6 号线换乘，在五缘湾站与 3 号线换乘。其中，海沧大道站—东渡路站为海底区间，平面示意图见图 1-3。

区间隧道拟采用"矿山法+盾构法"施工，共设中间风道 1 座，临时施工竖井 1 座，联络通道 4 座，其中 3#联络通道兼做泵房。根据施工条件，联络通道施工采用"水平孔冻结加固土体，隧道内开挖构筑"的施工方案，即在隧道内利用水平孔冻结加固地层，使联络通道外围土体冻结，形成强度高、封闭性好的冻土帷幕，然后采用类似矿山法进行联络通道的开挖构筑施工，地层冻结和开挖构筑施工均在隧道内进行（图 1-4～图 1-12）。

联络通道和废水泵站采取合并建造模式，既保证上、下行隧道间联络作用和突发事件时人员安全疏散功能，又起到地铁运营中两车站间的集排水作用，工程由联络通道和废水泵站组成。

# 1 概　述

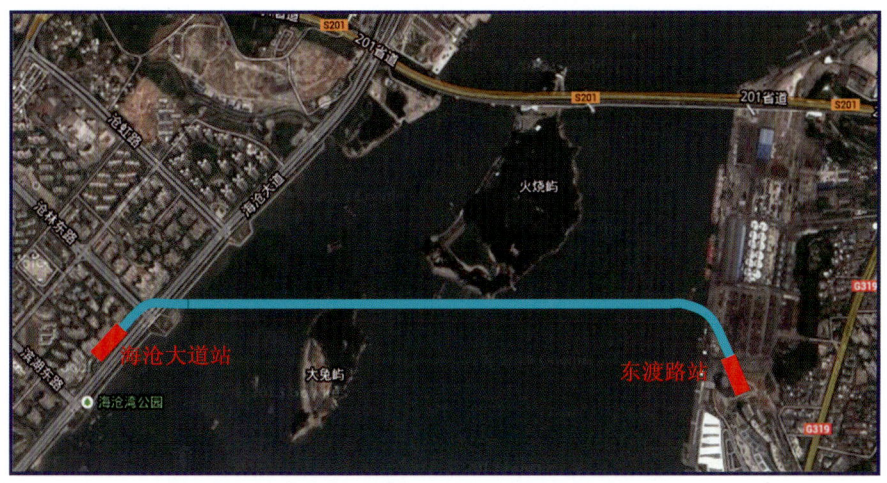

图1-3　海沧大道站—东渡路站区间平面示意图

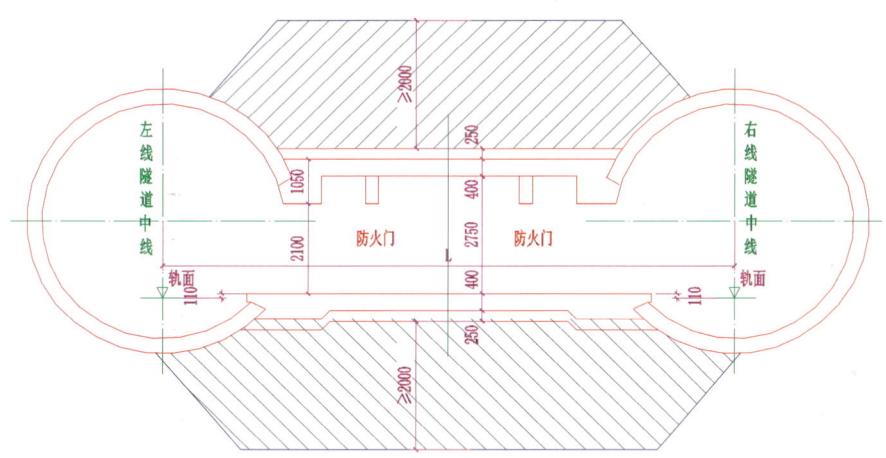

图1-4　1#、2#联络通道结构纵断面示意图（m，后同）

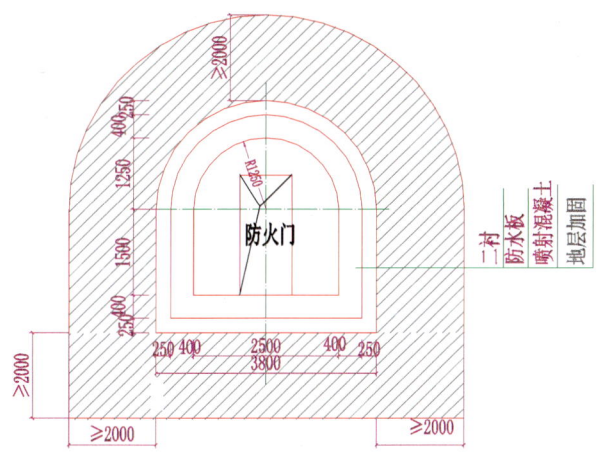

图1-5　1#、2#联络通道结构横断面示意图

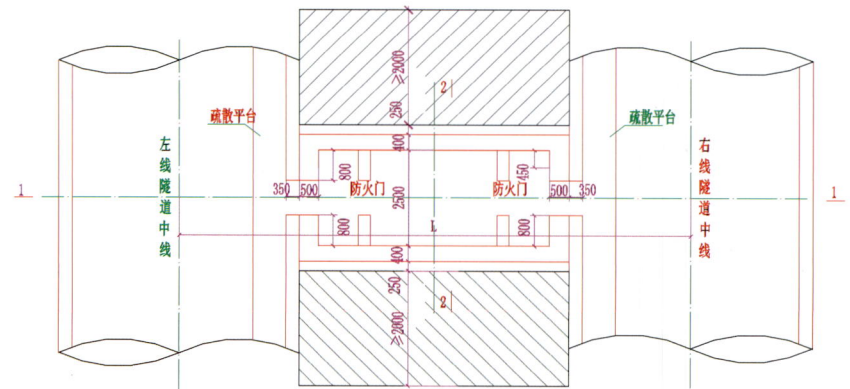

图1-6 1#、2#联络通道结构平面图

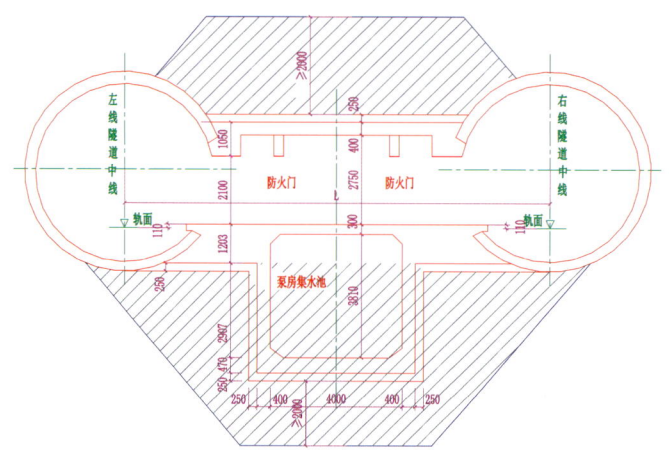

图1-7 3#联络通道和集水井结构纵断面示意图

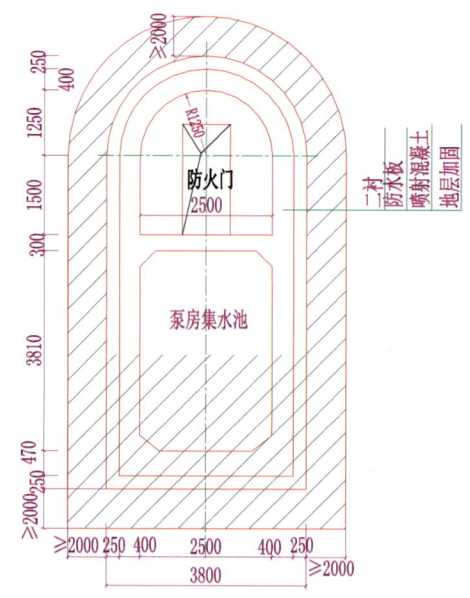

图1-8 3#联络通道和集水井结构横断面示意图

# 1 概 述

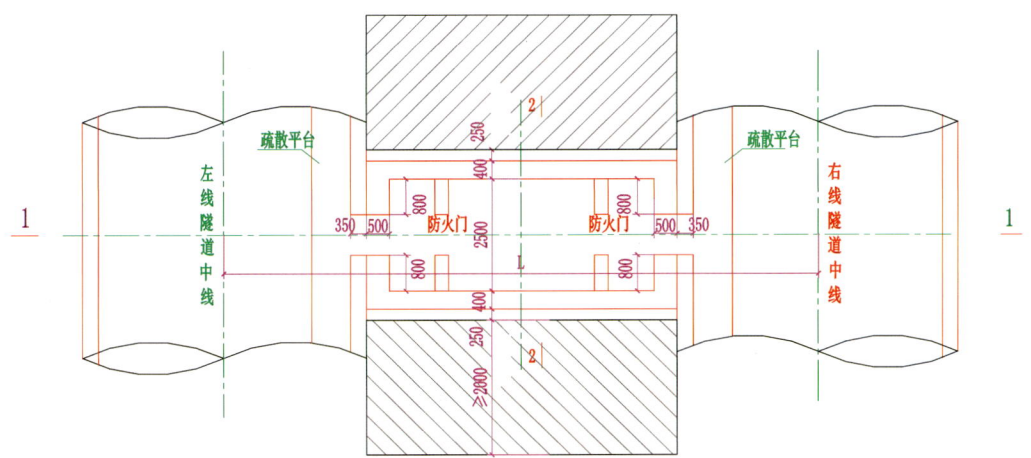

图1-9 3#联络通道和集水井结构平面示意图

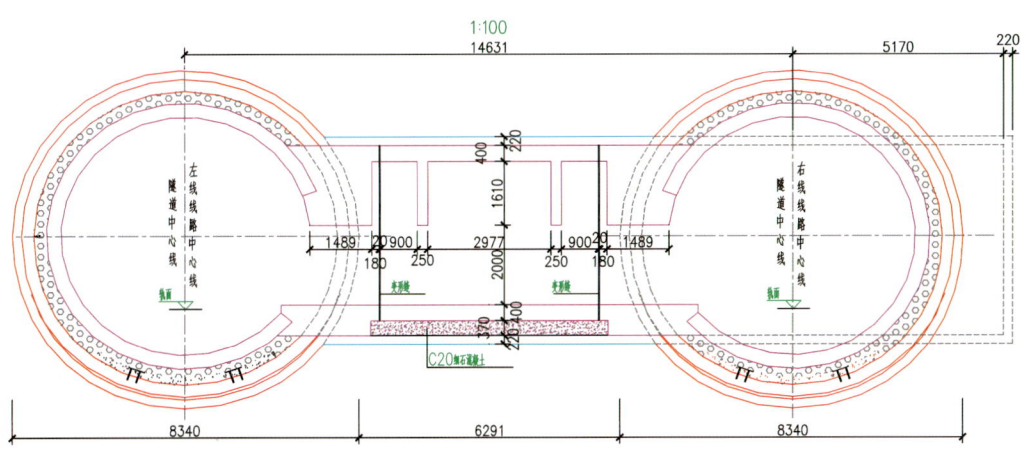

图1-10 4#联络通道结构纵断面示意图

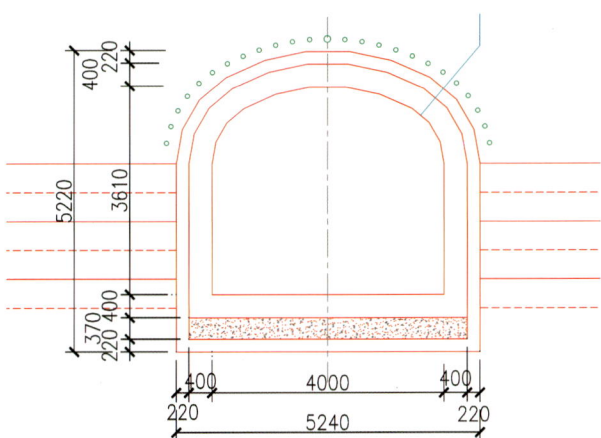

图1-11 4#联络通道结构横断面示意图

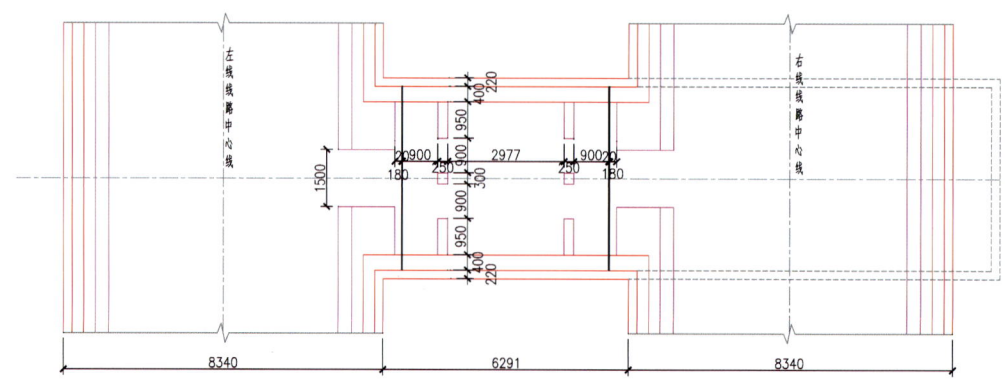

图1-12 4#联络通道结构平面示意图

厦门地铁2号线作为我国第一个穿越海底的地铁隧道,隧道所穿越海域地质条件复杂,基岩起伏大,断裂破碎带围岩稳定性差、水压高、基岩强度高,盾构隧道穿越了硬岩、软硬不均,断裂破碎带,海底高水压等复杂地层,同时作为国内第一个海底地铁盾构隧道,不仅无成熟经验可供参考,而且也缺少相应的基础数据(如冻土基本物理力学参数等)。该海底联络通道的施工特点具体表现如下。

**1. 海水中的冻结施工难度大**

由于联络通道及泵房的施工环境均在海底,施工区域的周围与海水联系密切,需要施工过程中的加固措施有良好的封水效果,以隔绝海水与施工环境之间的联系,为施工创造条件。而冻结法加固的封水效果好,通过冻结法加固良好的地层,可以做到滴水不漏,其封水效果是其他加固施工方法不能相比的。但水平冻结施工属于专业性很强的工作,需要有专门资质及丰富施工经验的施工单位来完成。

由于施工中的地层处于海水中,而海水中含的盐将使土体的冻结温度降低,增加了冻结施工的难度。需要通过试验测试海水中地层的冻结温度,为确定冻结形成的冻结壁的厚度和平均温度提供基础数据,也为该地层中冻结难度的评价提供依据。

**2. 冻结后岩石或土层性质的变化缺少资料**

联络通道及泵房冻结加固施工的区域为风化岩层,其本身的强度较高,在开挖后可以提供较强的围护作用,在评价岩石的强度后,可以确定冻结加固的目的是封水,是否需要提供部分强度,需要对冻结后的岩石参数,特别是对强度和稳定性进行评价。国内关于岩石冻结的工程实例很少,只有西部地区几个矿井的白垩系和侏罗系软弱地层采用过冻结法,所以需要通过试验测试冻结后岩石的强度和稳定性等参数,为联络通道及泵站冻结加固体的结构设计提供依据。

**3. 需要考虑冻结施工对建成隧道的影响**

地铁联络通道的施工都是在隧道结构完成以后进行,所以风险的发生不仅影响联络通道结构本身,同时也可能对已经完成的隧道产生较大的影响。更为严重的情况,它还可能引起地面较大的变形,当地面有重要管线或是建筑物时,可能对居民的正常社会生活造成影响,所以加固施工要考虑到与隧道施工之间的影响。加固施工不仅不影响隧道的正常施工,并且对完成的隧道结构也不会产生大的影响。特别是在隧道内施工时,要考虑施工场地的限制和相互的影响。在冻结结束后,冻结加固区域的地层会产生融沉,也会对隧道结构的沉降产生影响,需要通过研究提出针对性的措施,以保证结构的安全。

地铁联络通道的整个施工过程受到周围环境的影响都比较大,特别是受地质条件和水文环境的影响,造成风险预测的不确定性,有时还会改变施工方案和施工组织,甚至会造成项目的失败。

**4. 联络通道及泵房的结构复杂**

由于联络通道和隧道的排水泵房合并建设,造成设计冻结加固结构较复杂,特别是联络通道和排水泵房结合部分的受力关系复杂,施工工序组织也较繁琐,需要采取针对性的措施,以保证施工的安全。

研究采取相应的施工方法和施工组织,可以将联络通道和排水泵房分割成相对独立的两个部分,分别施工,这样可以保证施工安全和结构施工的质量。

**5. 联络通道的施工工期长**

由于隧道的联络通道和排水泵站需要将平行隧道间的土体开挖后再按设计浇注混凝土形成结构,施工时间长,需要采取合适的围护结构,在土体开挖过程中和混凝土结构具备足够的强度前,保证围护结构提供长时间的安全围护作用。

**6. 不具备地面的施工环境**

由于海底的联络通道和泵房处于海底,不具备地面加固的施工条件,所以施工宜在隧道内进行。而冻结法整个施工过程均可在已施工的隧道内进行,不需要地面的施工环境,海底施工完成的隧道结构满足冻结法施工的要求。

地铁联络通道整个施工过程都在地下完成,由于地下施工场地比较狭窄,施工设备比较多,所以施工场地受限较多。当施工过程中出现风险时,由于材料运输、场地限制等原因一般也较难处理。

**7. 联络通道及泵房冻结加固施工的风险高**

由于联络通道施工位置位于海底底部,周围施工环境条件复杂,施工要求高,当冻结帷幕存在薄弱环节时,容易发生施工意外,且造成的后果严重,所以必须选取合适安全的施工方法保证施工的安全。另外,联络通道施工是在隧道结构完成后进行的,联络通道冻结加固施工产生的严重后果可能引起隧道结构的损坏。所以在选择施工方法时,要充分考虑到施工的安全性,需要针对施工工况开展针对性的研究,以降低施工风险,保证施工的安全和顺利进行。

由于地铁联络通道施工工期安排紧凑,前后的施工工序衔接紧密。比如冻结施工与开挖以及构筑施工的组织都要相互协调和配合,一个风险因素的发生可能会导致相关的很多风险指标发生改变,有时一个极小风险因素的发生,可能造成整个施工过程的停止,甚至导致整个工程项目的失败。

### 1.2.2 厦门地铁3号线越江隧道联络通道工程

厦门地铁3号线是连接厦门本岛与翔安东部副中心的北东—南西向骨干线,包含主线和支线两部分(图1-13)。主线始于厦门火车站,终至翔安机场,串联了厦门火车站及周边、湖里老城区、五缘湾片区、翔安海西商贸中心、翔安南部新城、翔安机场及空港经济区等重点区域。支线始于浦边站,终至厦大翔安校区。

3号线全长44.92km,共设站30座。其中,主线全长37.86km,地下段长32.10km,高架段长5.76km,敞开段长0.45km;共设车站26座(换乘站12座),其中地下站23座,高架站3座,平均站间距1.492km。支线段全长7.06km,地下段长1.35km,高架段长5.57km,敞开段长0.14km;共设站4座,均为高架站,平均线间距1.412km。

厦门地铁3号线主线始于厦门火车站,沿湖滨东路向北敷设,先后下穿厦禾路、湖滨南路、湖滨北路,分别与BRT、1号线、2号线换乘,之后线路下穿仙岳路进入仙岳山向西北方向敷设;出山后沿长岸路向北敷设,与规划5号线在竹坑路附近平行换乘;随后线路向东偏转沿湖里大道敷设,先后设华盛路站、华荣路站,之后在嘉禾路路口设火炬园站与1号线换乘,出站后线路转入火炬路向东敷设,先后下穿新丰路、鹰厦铁路;过成功大道之后,线路沿枋湖北二路继续向东敷设,在金尚路口设金尚路站,为五缘湾停车场出入段接轨站;在云顶北路口设双十中学站与BRT换乘;在环岛东路西侧设五缘湾站与2号线换乘。过枋钟路后线路向北下穿同安湾口海域,在翔安区规划会展中心附近登陆,并设会展中心站(图1-14)。之后沿规划钟宅路向东北方向敷设,避开东界村后在村北侧规划路路口设站和规划7号线换乘;在窗东路口东侧设洪坑站与规划8号线换乘。下穿城场路后,线路向东偏转沿石厝路向东敷设。在洪钟大道路口设站与规划6号线换乘;在后浦路口设主支线换乘站(浦边站)。出站后主线向南偏转沿翔安东路敷设,在城场路口设置后村站。出后村站后线路转至路西侧,并逐渐由地下转为高架,之后在窗东路口西侧设置蔡厝站与规划7号线换乘,该站同时为蔡厝车辆段接轨站。过蔡厝站后,线路沿翔安东路与8号线并行向南敷设,由大嶝岛桥西侧跨越海峡进入大嶝岛,沿翔安东路西侧绿化带(83m)向东南敷设。过双沪站后线路逐渐由高架转为地下敷设,直至翔安机场。

支线线路始于浦边站,沿石厝路向东敷设,过后坑站后,跨九溪水域,转入城场路向东敷设。过东园村站后线路先向北转入规划绿轴敷设,再向东转至翔安南路南侧,直至支线终点厦门大学翔安校区。

在"以人为本,关爱生命"的前提下,根据相关法规和规范的要求,双线隧道建设中往往每隔一定距离设置一条联络通道,以便在隧道正常运营中当一条隧道内发生火灾等非常情况时,可通过所设的联络通道将人员迅速、安全地疏散至另一条隧道内。

联络通道一般和废水泵站采取合并建造模式,既保证上、下行隧道间的联络作用和突发事件时人员安全疏散功能,又起到地铁运营中两车站间的集排水作用。工程由联络通道和废水泵站组成,联络通道和废水泵站一般采用冻结法加固和矿山法开挖,在形成的地下空间内以现浇混凝土建设方式来施工。

图 1-13  厦门轨道交通 3 号线平面示意图

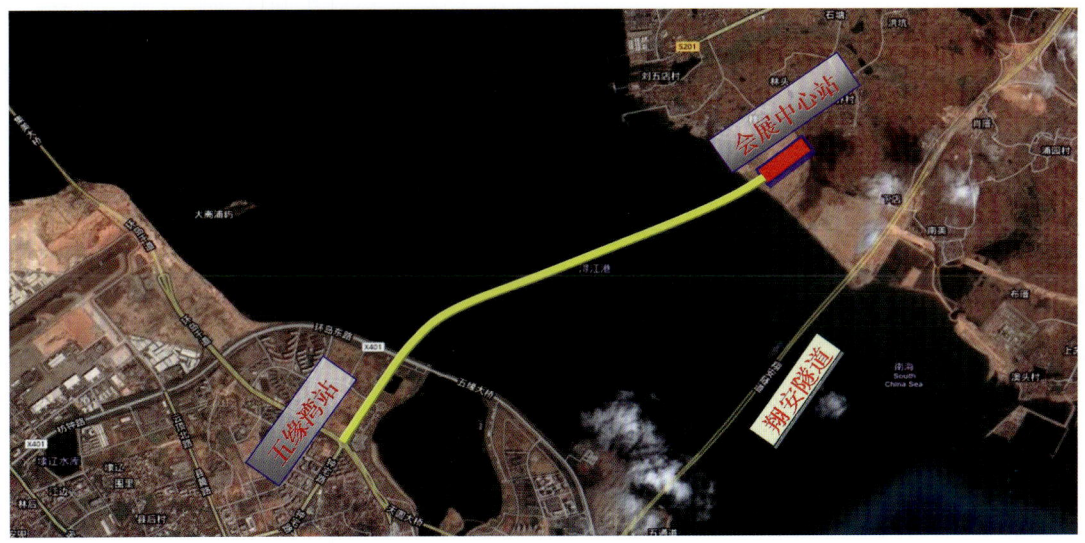

图 1-14  厦门轨道交通 3 号线跨海段平面示意图

## 1.3 厦门地铁海底联络通道施工区域的地质条件

参照地层的时代成因及地层岩性,根据地质勘探资料,厦门地铁 3 号线跨海区间施工区域的岩土分层特征如下。

**1. 人工填土层（Qh$^{me}$）**

1-1 杂填土：杂色，稍密，稍湿，成分主要为建筑垃圾，含少量塑料垃圾，主要在岛内钟宅路个别孔有所揭示，层厚 1.4m。

1-2 素填土：杂色，主要为筑路用碎石、黏性土，表部 20cm 为沥青路面，层厚主要介于 0.4～3.5m 之间，最厚处位于靠近海边环岛路处，揭示层厚 6.1～7.8m，系前期填海用的填砂。

1-5 填砂：以灰黄色、灰色为主，稍密，饱和，靠近海域段为淤泥质砂，远离海域段为粉细砂，砂质不纯，含黏粒、贝壳碎片；主要分布在翔安陆域段，层厚为 2.1～9.6m。

1-6 抛石：灰色，系修筑道路时抛填，块径为 10～40cm，个别大于 50cm，取出芯样呈 8～25cm 短柱状和 5cm 块状，块石为微风化花岗闪长岩，块质坚硬；主要分布在环岛路靠近海域处，层厚为 2.8～6.2m。

**2. 全新统海积相（Qh$^m$）**

4-1 淤泥：深灰色、灰黑色，流塑，具臭味，质不均，含贝壳碎片；该层具天然含水量高、孔隙比大、强度低的特性，属高压缩性软弱土，工程性能不良；主要分布在海域段，层厚为 0.6～5.8m。

4-2 淤泥质土：深灰色，流塑，质均，有腥臭味；该层具天然含水量高、孔隙比大、强度低的特性，属高压缩性软弱土，工程性能不良；主要分布在钟宅路区段，层厚为 0.7～4.1m。

4-3 粉细砂：褐黄色、灰色，松散，饱和，成分以石英为主，质不纯，粒不均，黏粒含量高；层厚为 1.0～4.6m。

4-4 中粗砾砂：褐黄色，松散—稍密，饱和，成分主要为石英，粒不均，质不纯，含贝壳碎片；层厚为 1.2～7.0m。

4-6 淤泥质砂：深灰色，松散，饱和，成分主要为石英，粒不均，质不纯，含较多黏粒；主要分布在海域段，层厚为 0.5～4.0m。

**3. 上更新统冲—洪积相（Qp$_3$$^{al+pl}$）**

8-1 黏土、粉质黏土：灰黄色、褐黄色，硬塑—坚硬，土质较均匀；主要分布在翔安侧陆域段，层厚为 1.9～4.2m。

8-3 粉细砂：褐黄色，稍密—中密，饱和，成分主要为石英，粒均，质较纯，含少量黏粒；主要分布在翔安侧海域段，层厚为 0.8～1.95m。

8-4 中粗砾砂：以灰白色为主，局部褐黄色，中密—密实，成分主要为石英，粒均，质较纯，含少量黏粒；主要分布在里程右 AK18+210 以北段，层厚为 1.25～8.8m。

8-4-4 黏土质中粗砾砂：灰白色，稍密—中密，饱和，成分主要为石英，粒均，质不纯，粒径小于 0.075mm，含量 24%～39%。

8-5 圆砾：灰色，密实，饱和，含约 55% 的圆砾，粒径多为 2～5cm，个别为卵石，粒径 6～9cm，成分主要为石英、燧石等，磨圆度好，呈次圆状，其间充填粗砂。

**4. 残积层（Qh$^{el}$）**

11-1 残积砂质黏性土：褐黄色，原岩为花岗闪长岩，原岩矿物除石英外均已风化成黏土矿物，取出岩芯呈软塑—可塑含砂砾黏性土状，可捏成团状；该层在天然状态下力学强度一般—较高，且具随深度增加强度渐高的特点，属特殊性土，具有泡水易软化、崩解、强度急剧降低的不良特性；层厚为 0.9～13.5m。

**5. 基岩**

场区基岩主要为花岗闪长岩，局部存在辉绿岩岩脉。

17-1 全风化花岗闪长岩：以褐黄色为主，局部灰白色，岩体风化严重，结构基本破坏，除石英外，其余矿物均已风化成黏土矿物，干钻易钻进，岩芯呈黏性土混石英质砾石状。

17-2 散体状强风化花岗闪长岩：以褐黄色为主，局部灰白色，岩体结构大部分破坏，局部尚可辨认，除石英外，大部分矿物已风化变异，矿物间黏结力散失，干钻可钻进，岩芯呈密实砾砂含黏粒状。

17-3 碎裂状强风化花岗闪长岩：褐黄色，风化裂隙发育，钻进时响声大，取出芯样多呈 3～8cm 碎块状，岩芯表面粗糙，锤击易碎，岩石天然抗压强度 12.47～24.29MPa，点荷载换算岩石单轴抗压强度 10.40～30.30MPa，岩质软—较软，岩体基本质量等级为Ⅴ级。

17-4 中等风化花岗闪长岩：灰色、黄褐色，中粗粒结构，块状构造，风化裂隙较发育，沿裂隙面岩石风化作用加剧，岩芯多呈 10cm 左右短柱状及 15～30cm 柱状，岩质大部较硬，裂隙附近较软，该层不可压缩，力学强度高，RQD=20%～55%（RQD 为岩石质量指标，指每次进尺中等于或大于 10cm 的柱状岩芯的累计长度与每个钻进回次进尺之比，用百分比表示），岩石天然抗压强度 21.74～76.71MPa，点荷载换算岩石单轴抗压强度 40.90～73.20MPa，属较硬岩，岩体基本质量等级为Ⅲ～Ⅳ级。

17-4-1 中等风化破碎花岗闪长岩：灰色、黄褐色，中粗粒结构，块状构造，节理发育，岩体破碎，节理面大部分呈墨绿色、灰色，部分充填石英，取出芯样多呈 3～12cm 块状、楔形状，块质较软—较硬，该层不可压缩，力学强度高，属较硬岩，岩体基本质量等级为Ⅲ～Ⅳ级。

17-4-2 中等风化花岗闪长岩：褐黄色、浅肉红色，中粗结构，块状构造，节理较发育，岩芯多呈短柱状，矿物已轻微风化，RQD=20%～40%，岩石天然抗压强度 13.05～35.95MPa，点荷载换算岩石单轴抗压强度 17.80～38.20MPa，属软岩，岩体基本质量等级为Ⅳ级。

17-5 微风化花岗闪长岩：灰白色杂肉红色，中粗粒结构，块状构造，见少量 45°及高角度裂隙，裂隙面较平整，岩芯多呈长柱状，岩质坚硬，锤击声脆，该层岩石不可压缩，力学强度很高，RQD=65%～90%，岩石饱和抗压强度 65.95～178.30MPa，点荷载换算岩石单轴抗压强度 72.30～204.20MPa，属坚硬岩，岩体基本质量等级为Ⅰ～Ⅱ级。

17-5-1 微风化破碎花岗闪长岩：灰白色，中粗粒结构，块状构造，节理发育，岩体破碎，节理面较新鲜，大部分无充填，岩芯多呈 2～10cm 块状、楔形状，块质坚硬，锤击声脆，属坚硬岩，岩体基本质量等级为Ⅱ～Ⅲ级。

19-1 全风化辉绿岩：褐黄色，岩石矿物基本风化成黏土矿物，岩芯呈坚硬黏性土或粉土状。

19-2 强风化辉绿岩:灰黄、灰绿色,岩石风化剧烈,大部分矿物风化呈黏土矿物,岩芯呈坚硬黏性土或粉土状,局部夹风化残块。

19-3 碎裂状强风化辉绿岩:灰黄色,岩体风化严重,矿物均已风化变异,节理发育,岩体破碎,岩芯呈块状、楔形状,质极软,锤击易碎,属极软岩,岩体基本质量等级为Ⅴ级。

19-4 中等风化辉绿岩:灰绿色,微晶结构,块状构造,风化裂隙较发育,岩石沿裂隙风化强烈,裂隙面呈褐黄色,岩芯呈短柱状,岩质较硬,RQD=35%～55%,岩体基本质量等级为Ⅳ级。

# 2 海底地层的冻土物理力学性质及热物理指标

冻土是复杂的且由各种成分组成的天然多相体系,其基本成分包括固体矿物颗粒、冰、水(包括未冻水和强结合水)及水汽。其中,冰是构成冻土的必需成分。与土的固体颗粒相比,冰是一种物理及化学性质极为特殊,与土层很不一样的低温物体。只有在一定条件下,如一定体积的冻土中,土的各相成分不随时间重新分布时,冻土才被认为是单一成分体。

冻土与融土相比较,冻土具有较高的强度和不透水性,所以人工冻结形成的冻土围护方法得到了广泛的应用。在计算冻结帷幕的尺寸时,尤其在水文地质条件复杂的情况下,需要冻土的基本物理力学参数。

反映冻土各部分(颗粒骨架和它们的聚集体,冰和未冻水)之间相互作用的黏结力是影响冻土抵抗外载能力的主要因素。对冻土来说,由冰形成的胶结力有着重要的意义,所有这些黏结力可以分解成一些彼此独立的黏结力。一般可认为冻土黏结力由以下几部分组成。

**1. 自身分子黏结力**

该力由被未冻水分开的基本颗粒和它们的聚集体之间的吸引力所决定。黏结力的这一部分取决于其散碎度和土壤的密度。

**2. 结构黏结力**

这是在冻土形成过程中(生成和固结)各种自然现象造成的结果,这一黏结力有着很重要的意义,当冻土的天然结构被破坏时,这一黏结力也就基本消失了。

**3. 由冰胶结形成的黏结力**

这部分黏结力最不稳定,随着土壤温度的波动,其值会急剧变化,当冻土融化时,此黏结力就完全消失。

冻土承载能力取决于温度(主要因素),随着温度的降低,其结构和水聚集状态改变,冻土抗力增长。这时,不仅水分子自身聚集体之间的黏结在改变,而且水与矿物骨架和冰之间的黏结、冰胶结土壤的强度都在发生改变。在降温时,土中含冰量增加,其强度和胶结能力也相应增大。

冻土的物理力学性质还受到土壤的颗粒级配、矿物化学成分、与冰共存的未冻水量、构造和结构特性等因素的影响。

## 2.1 海底地层试验土样的钻取

原状土样指土样取出后，其颗粒、含水量、密度、胶结性和结构等物理性能保持不变的土样。原状土的试样的采集全过程，包括选取取样工具设备、取样操作、土样质量的现场鉴别。土样的封装、储存、运输等均按照中华人民共和国行业标准《原状土取样技术标准》（JGB 89—92）进行。对基岩段的全风化花岗闪长岩、松散体强风化花岗闪长岩等试样，采用现场的重塑土样，在实验室内进行重塑土样的冻土试验。

### 2.1.1 钻孔取土器的选择

按照取样技术标准，选取贯入式取土器，其技术指标符合标准要求。施工过程中选取的钻孔取土器见图2-1。

### 2.1.2 现场钻孔

由于联络通道的位置位于海底，所有的现场钻孔与原装土样的采集均在海面进行。现场钻孔的施工过程见图2-2～图2-4。

通过测量，确定准确的取土位置，使用驳船，从水面进行钻孔取样。按照取样深度的要求，采用回转方式钻进到设计深度，满足标准要求后进行取样。

图2-1 贯入式取土器

图2-2 现场钻孔过程　　图2-3 驳船上的套管内钻孔　　图2-4 驳船上的钻孔过程

### 2.1.3 原状土样的采集

按照相关的取土标准，进行原状土样的采集（图2-5～图2-6）。

图 2-5 取土器内的土样　　　　图 2-6 原状土样的采集

### 2.1.4 室内试样的总体说明

使用取土器将土样取到地面以后,进行现场的检验和加工,并进行密封和贴标签,封装后运回实验室供实验使用。

土样取样后,就地初加工后装入专用试样盒,用防水胶带密封后再进行蜡封,保证存放过程中水分不损失。密封完成后,将试样盒表面贴上标签,放入专用存放仪器箱。取样过程见图 2-7～图 2-11。

图 2-7 土样的封装　　　　图 2-8 土样运输到实验室　　　　图 2-9 拆封后的土样

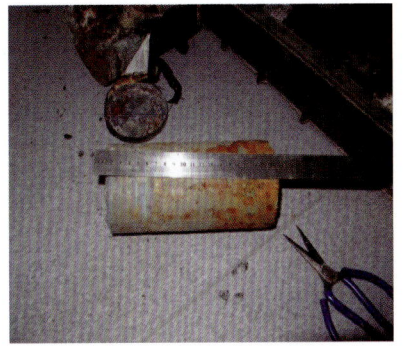

图 2-10 土样的初加工　　　　图 2-11 破坏的土样

### 2.1.5 重塑土样的采集

区间隧道掘进期间,在基岩段内的联络通道类似地层的位置取重塑土样,运回实验室进行重塑土样的试验。

## 2.2 地层的可冻性参数分析

土体冻结温度是地层可冻性判断的直接指标,用来评价土体冻结的难易程度,同时土体冻结温度是判定人工冻土冻结壁有效厚度的基本指标,它在很大程度上影响着冻土中的温度分布情况。土体冻结温度实质上就是土中水的冻结温度。标准大气压下纯水在 0℃冻结,但是土中水分一方面受到土颗粒表面能的作用,另一方面含有一定量溶质,因此土体冻结温度都低于 0℃。对某种给定土质来讲,冻结温度并不是一个常数,它随着土中含水量的改变而改变。

土中的液态水变成固态的冰,这一结晶过程大致要经历 3 个阶段:先形成很小的分子集团,称为结晶中心或生长点;再由这种分子集团生长变成稍大一些的团粒称为晶核;最后由这些小团粒结合或生长,产生冰晶。冰晶生长的温度称为水的结冰温度或冰点,结晶中心在比冰点更低的温度下才能形成,所以土中水结冰的时间过程一般须经历过冷、跳跃、恒定和递降 4 个阶段。当出现跳跃时,电势会突然减小,接着稳定在某一数值,此即为开始冻结的温度。

与任何其他液体的结晶一样,水的结晶的先决条件是其中含有结晶中心或结晶核。结晶中心或结晶核既可以是由于在被冷却液体中各种机械夹杂物的作用下形成,也可以是由于分子起伏现象的结果而自发形成,但都必须在比水本身结晶温度更低的温度条件下形成。因此,可以观测到水结晶前会出现过冷现象,即温度低于水的冻结温度而水为结晶的现象。对于土中水来说,土颗粒本身就是结晶核,同时它促进水分子形成冰格架,但是与容器中的纯水不同,土中水一般处于土颗粒表面力场的作用下,使水分子附着在土颗粒表面,土中水分子必须克服这种力场的作用才能组成冰格架。因此,土冻结的先决条件是土必须处于比土中水冻结温度更低的温度环境中。

水中晶芽的形成及生长会释放结晶潜热,引起土中温度跃变。土结冰温度一般指土的起始结冰温度,即温度跃变后土中出现的最高、最稳定的温度,它与土中初始含水量相对应,在冻结过程中,随着土中液态水含量的减少,冻结温度逐渐降低。

土的冻结温度是判别土是否处于冻结状态的指标。纯水的结冰温度是 0℃,土中水分由于受到土颗粒表面能的束缚且含有化学物质,其结冰温度均低于 0℃。土的结冰温度主要取决于土颗粒的矿物化学成分、土颗粒的分散度、土中水的化学成分和外加载荷。

### 2.2.1 试验方法

冻结温度试验包括热电偶制作与标定、试样准备、装样、降温、数据采集与成果分析等。

热电偶制作与标定:自制铜——康铜热电偶测温,经冷端补偿进行标定,测温精度为 0.1℃。

试样准备:试样从原状土样中直接获取,切成规格为直径 50mm、高度 30mm 的小圆柱。

与此同时,将低温循环箱的温度降至-15℃,并保持该温度。

装样、降温:将配置好的土样装入试样杯中,杯口加盖,然后将热电偶零温端放入低温循环箱,测温端插入土样中心,杯盖周侧用硝基漆密封;将封好底且内装50mm高干砂的塑料管放入低温瓶内并将试样杯放入塑料管内,然后将塑料管口和低温瓶口分别用橡皮塞和瓶盖密封,待其降温。

数据采集:将零温端、测温端引出线与智能可编程采集仪连接,将信号传输到计算机软件中,设置每10s自动采集数据一次,每组试验持续时间不超过2h,最后根据温度与时间的关系曲线形状直接判定土体的冻结温度值。

### 2.2.2 试验装置

本试验整套装置由土样降温系统、测温系统、数据采集系统组成,满足《土工试验方法标准》(GB/T 50123—1999)中"25.0.2条"的内容规定。冻结温度试验装置示意见图2-12。

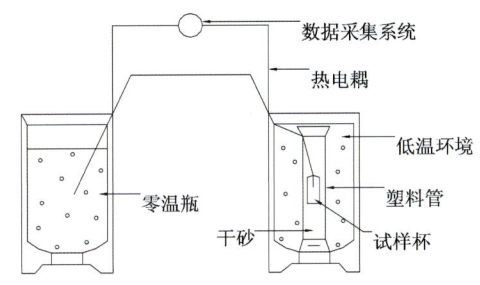

(1)低温环境由低温酒精箱保证,其温度保持-15℃。

图2-12 冻结温度试验装置示意图

(2)塑料管为内径50mm、壁厚3mm、长150mm的硬质聚氯乙烯管,管底密封,管内装50mm高干砂。

(3)试样杯由黄铜制成,内径30mm,高550mm,杯底及壁厚5mm,带有杯盖,体积$V$为35.34cm$^3$。

(4)温度采集系统:土体降温过程中采用热电偶测温、DATATAKER智能可编程数据采集仪采集温度数据,热电偶测温精度为0.1℃,分辨率0.01℃。

土的结冰温度的测试试验装置如图2-13所示。

### 2.2.3 结冰温度的测试过程

冻土结冰温度的测试见图2-14~图2-17。

图2-13 土的结冰温度测试仪器

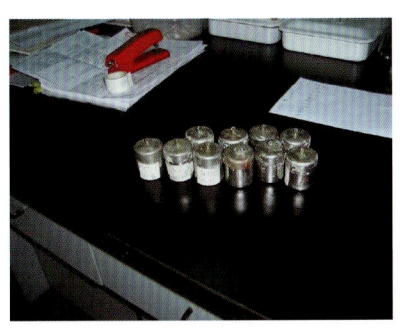

图2-14 试样的制备

图2-15 热电偶的安装

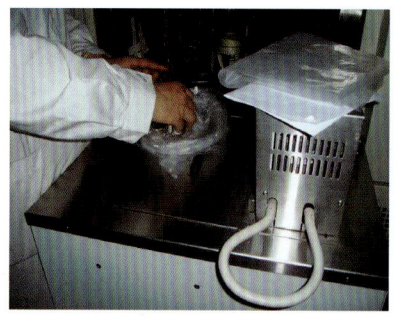
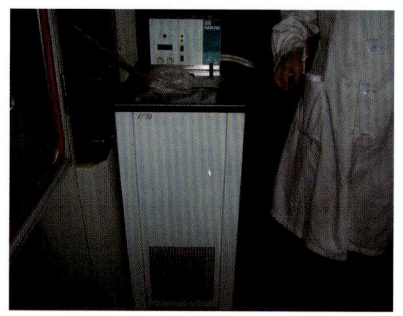

图 2-16 试样的密封和冻结　　图 2-17 数据测试过程

结冰温度按照下式进行计算：

$$T = V/K \tag{2-1}$$

式中，$T$ 为冻结温度，℃；$V$ 为热电势跳跃后的稳定值，$\mu V$；$K$ 为热电偶的标定系数，℃/$\mu V$。

### 2.2.4　结冰温度的测试数据

结冰温度的测试数据见表 2-1。

表 2-1　冻土结冰温度的测试数据

| 序号 | 土层编号 | 土层名称 | 冻土的结冰温度(℃) |
|---|---|---|---|
| 1 | 4-1 | 淤泥 | -1.21 |
| 2 | 4-2 | 淤泥质黏土 | -0.89 |
| 3 | 4-4 | 中粗砾砂 | -0.75 |
| 4 | 4-6 | 淤泥质砂 | -0.66 |
| 5 | 5-1-1 | 黏土 | -0.48 |
| 6 | 5-1-2 | 粉质黏土 | -0.51 |
| 7 | 5-1-3 | 淤泥质黏土 | -0.69 |
| 8 | 5-4 | 中粗砾砂 | -0.52 |
| 9 | 11 | 残积土 | -0.47 |
| 10 | 17-1 | 全风化花岗闪长岩 | -0.78 |
| 11 | 17-2 | 松散体强风化花岗闪长岩 | -0.69 |

## 2.3　地层的冻结过程参数测试

### 2.3.1　冻土导热系数测试

导热系数和比热容是进行热工计算的重要参数。导热系数(thermal conductivity)是指在稳定传热条件下，1m 厚的材料两侧表面的温差为 1 度（℃），在 1h 内，通过 $1m^2$ 面积传递的热量。导热系数表示了土体导热能力的大小，单位为瓦/(米·度)[W/(m·K)]，它是反映冻土传热难易的指标。

**1. 测试的试验装置**

冻土导热系数测试装置主要由恒温系统、测量系统和试样盒等组成（图 2-18）。

恒温系统由两个尺寸为 50mm×50mm×200mm、与试样接触面积为 5mm 厚的平整铜板的恒温箱及两台低温循环冷浴组成，分别提供两个不同的负温环境，恒温精度为 (0±0.1)℃。

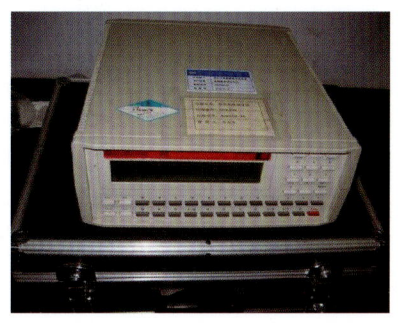

图 2-18 冻土导热系数测试系统

试样盒外部尺寸为 25cm×25cm×5cm，分别由两块尺寸为 25cm×25cm×0.5cm 的平整铜板盒和 25cm×5cm×0.3cm 的胶木板组成，上端面开口并且加盖，铜板内壁中心安装热电偶测温端。测试时，共两个试样盒，一个装入石蜡作为标准样品，其导热系数为 0.279 W/(m·K)，另一个试样盒装入待测试样。测温系统由热电偶、数据自动采集仪等组成。

**2. 测试的过程**

土的导热系数是直接测定的，将土样风干，按设计含水量配比后，润湿 24h，装入试样盒，并加盖。将标准盒、待测试样盒装入恒温箱内，并保温连接测温系统。开启低温循环冷浴，分别在设定温度循环 8h 后，每 10min 测定一次标准试样和待测试样中两壁的温度，连续 3 次同一点温度差值小于 0.1℃ 时，停止试验（图 2-19）。

土的导热系数按下式计算：

$$\lambda = \frac{\lambda_0 \Delta\theta_0}{\Delta\theta} \quad (2-2)$$

图 2-19 冻土导热系数测试过程

式中，$\lambda$ 为土的导热系数，W/(m·K)；$\lambda_0$ 为石蜡的导热系数，W/(m·K)；$\Delta\theta_0$ 为石蜡样品盒中两壁间温度差，K；$\Delta\theta$ 为待测样品中两壁间温度差，K。

**3. 测试的实验数据**

冻土的导热系数分别在正温和负温下进行测试，正温取室温 22℃，负温取 -10℃，各层土的导热系数测试结果列于表 2-2。

表 2-2  不同土层的导热系数汇总表

| 编号 | 土层编号 | 土层名称 | 导热系数[W/(m·K)] 正温 | 导热系数[W/(m·K)] 负温 |
|---|---|---|---|---|
| 1 | 4-1 | 淤泥 | 1.208 | 1.816 |
| 2 | 4-2 | 淤泥质黏土 | 1.139 | 1.904 |
| 3 | 4-4 | 中粗砾砂 | 1.215 | 1.917 |
| 4 | 4-6 | 淤泥质砂 | 1.248 | 1.854 |
| 5 | 5-1-1 | 黏土 | 1.302 | 1.689 |
| 6 | 5-1-2 | 粉质黏土 | 1.285 | 1.752 |
| 7 | 5-1-3 | 淤泥质黏土 | 1.308 | 1.742 |
| 8 | 5-4 | 中粗砾砂 | 1.227 | 1.908 |
| 9 | 11 | 残积土 | 1.214 | 1.755 |
| 10 | 17-1 | 全风化花岗闪长岩 | 1.235 | 1.915 |
| 11 | 17-2 | 松散体强风化花岗闪长岩 | 1.305 | 1.895 |

### 2.3.2 冻土的比热容测试

比热容(specific heat capacity),又称比热容量(specific heat),简称比热容,是单位质量物质的热容量,即单位质量物体改变单位温度时吸收或释放的内能,通常用符号 $C$ 表示。

**1. 试验方法**

将 1kg 冻土温度改变 1K 所吸收(或放出)的热量定义为冻土的质量比热容。

当略去冻土中的气相物质时,冻土的质量比热容可按其物质成分的比热容加权平均来计算。

$$C_m = \frac{C_P + (W - W_u)C_i + W_u C_w}{1 + W} \tag{2-3}$$

式中,$C_m$ 为冻土的质量比热容,kJ/(kg·K);$C_p$、$C_i$、$C_w$ 分别为土颗粒、冰和水的质量比热容,kJ/(kg·K);$W$ 为含水量,%;$W_u$ 为未冻水含量,%。

**2. 试验装置**

试验装置如图 2-20 所示。

## 3. 测试的过程

土的比热测试采用比热测试仪,设备两边放入温度相同、体积相同的冷媒,并在其中放入温度传感器,在一边放入土样,土样中植入温度传感器(图2-21)。根据3个温度之间的关系,由能量守恒定律可以得出土样温度升高或降低1K所需要的能量。

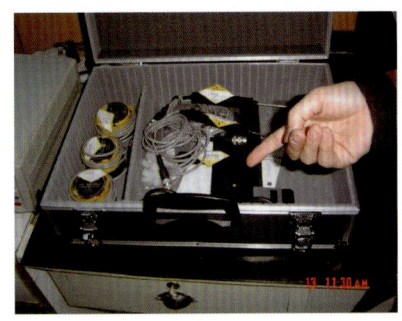

图 2-20  土样比热容测试仪　　　图 2-21  土样比热测试过程

## 4. 试验测试数据

土样的比热容是直接测定的,正温状态取室温22℃,冻结状态的土温取－10℃,各层土的比热容测试结果列于表2-3。

表 2-3  冻土的比热容测试数据汇总表

| 编号 | 土层编号 | 土层名称 | 比热容[kJ/(kg·K)] | |
|---|---|---|---|---|
| | | | 正温 | 负温 |
| 1 | 4-1 | 淤泥 | 1.701 | 1.122 |
| 2 | 4-2 | 淤泥质黏土 | 1.922 | 1.247 |
| 3 | 4-4 | 中粗砾砂 | 1.936 | 1.266 |
| 4 | 4-6 | 淤泥质砂 | 2.012 | 1.258 |
| 5 | 5-1-1 | 黏土 | 1.875 | 1.238 |
| 6 | 5-1-2 | 粉质黏土 | 1.885 | 1.247 |
| 7 | 5-1-3 | 淤泥质黏土 | 2.045 | 1.287 |
| 8 | 5-4 | 中粗砾砂 | 1.857 | 1.254 |
| 9 | 11 | 残积土 | 1.897 | 1.284 |
| 10 | 17-1 | 全风化花岗闪长岩 | 1.920 | 1.268 |
| 11 | 17-2 | 松散体强风化花岗闪长岩 | 1.858 | 1.249 |

## 2.4 地层形成冻结壁的力学性能参数

### 2.4.1 人工冻土单轴抗压强度

冻土属于流变体,冻土单轴抗压强度由冰和土颗粒胶结后形成的黏结力及内摩擦力组成,与冻土的生成环境和荷载过程,外载大小和特征,温度、土的含水率、含盐量,土性,土颗粒组成等因素有关。其中,温度、土性、生成环境和荷载过程是影响冻土强度的主要因素。

**1. 试样的制备**

1)原状土的试验

将从现场运回的土样在-30℃温度下冻结6~8h后,按标准要求切削成规定的试样,制备的方法按《人工冻土物理力学性能实验》(MT/T 593.1)的规定进行。

在负温试验室内,小心开启原状土包装,辨别土样上下层次,用钢锯平行锯平土样两端。用削土刀、切土盘和切土器将土块修整成形,使其符合相关标准的规定(图2-22)。试样制备过程中,细心观察土样的情况,并记录它的层位、颜色、有无杂质、土质是否均匀和有无裂缝等。

制备好的试样密封后在试验温度下保持24h以上,供试验用(图2-23)。

图2-22 原状土试样的制备过程

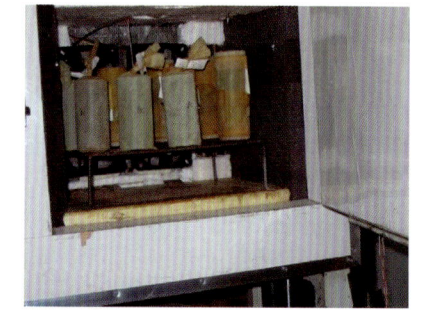
图2-23 试样的密封保温

2)重塑土样的制备

重塑土指的是土样取出经重新制备后其胶结性、密度和结构等物理性能有所改变的土样。负温重塑土试样是由原状土经烘干、破碎、配土、加工成型,在负温下冻结而成的冻土试样。

重塑土冻土单轴抗压强度测试的试样,其制备方法按《人工冻土物理力学性能试验》(MT/T 593.1)的规定进行。将土样切碎,在105~110℃温度下恒温烘干,放入干燥器中冷却至室温。将烘干、冷却的土样进行破碎(切勿破碎颗粒)。根据土样天然含水率,对干土进行配水(或加冰晶),并搅拌均匀,密封后放入保湿器内养护24h以上。彻底清洗模具,并在模具内表面涂上一层凡士林,分次均匀将土样放入模具击实。将试样在所需试验温度下脱模,并用修土刀修整(图2-24~图2-27)。将制备好的低温重塑土试样贴上标签(标明来源、层位、重量、日期等),装入塑料袋内密封,置于所需试验温度下恒温养护,在24~48h内可用于

**3. 试验数据**

−10℃时人工冻土泊松比测试数据见表2-6。

表2-6　人工冻土泊松比测试数据

| 序号 | 土层编号 | 土层名称 | 冻土的泊松比 |
| --- | --- | --- | --- |
| 1 | 4-1 | 淤泥 | 0.264 |
| 2 | 4-2 | 淤泥质黏土 | 0.257 |
| 3 | 4-4 | 中粗砾砂 | 0.246 |
| 4 | 4-6 | 淤泥质砂 | 0.252 |
| 5 | 5-1-1 | 黏土 | 0.260 |
| 6 | 5-1-2 | 粉质黏土 | 0.262 |
| 7 | 5-1-3 | 淤泥质黏土 | 0.258 |
| 8 | 5-4 | 中粗砾砂 | 0.248 |
| 9 | 11 | 残积土 | 0.257 |
| 10 | 17-1 | 全风化花岗闪长岩 | 0.260 |
| 11 | 17-2 | 松散体强风化花岗闪长岩 | 0.263 |

## 2.5　冻土试样的冻胀率测试

冻结法由于适应性广、技术可靠,在市政工程中的应用越来越广泛。但由于土的冻胀是一个物理力学过程,在冻结过程中水热状态发生变化,从而引起土中应力应变的变化,使得在冻结过程中产生冻胀及融沉现象。而冻胀和融沉经常会引起周围建筑物和管线的变形、破坏等问题,使其对冻结周围的环境产生影响,甚至会造成灾难性事故,给国民经济造成巨大的损失。因此,研究土体的冻胀与融沉十分必要,具有很强的现实意义。随着城市地铁建设的发展,越来越多的地铁隧道穿越城市繁华地段,建筑物密集则对地面变形提出更高的要求,因此更有必要对冻结产生的冻胀和融沉进行研究。

当土体温度达到土中水结晶点时,土中水便开始冻结,伴随着土中空隙水和外界水源的补给而形成冰晶体,引起土体体积增大,导致地表不均匀抬升,产生冻胀现象。停止冻结后,冻结后的土体便开始融化,伴随着土体中冰晶体的消融,出现沉陷,发生融沉现象。评价土体冻胀及其对周围地下结构或构筑物的影响,通常采用冻胀率和冻胀力指标。冻胀率定义为冻胀量的增量和冻结深度增量的比值,而冻胀力定义为土体冻结膨胀受约束而对周围结构或构筑物产生的力。

影响土体冻胀和融沉的因素很多,其中土的分散性是反映土冻胀性的重要指标;土粒子的矿物成分和交换离子特性直接影响了土粒子表面的物理化学特性;土中水分是冻胀的首要条件,而水分多少则是影响冻胀的基本因素;低温是冻胀产生的必要条件之一,同时上部荷载会直接对冻胀产生抑制作用。冻土试样的冻胀率指在无侧向变形条件下,经单向冻结,其纵向的高度增量与试样原高度的比值。

## 2.5.1 试样的制备

冻土冻胀率试验的试样制备按《土壤冻胀试验方法》(MT 593.2)相关要求进行,试样采用圆柱体试样,直径为 100mm、高度为 50mm、高径比为 0.5,外形尺寸误差小于 1.0%(图 2-37～图 2-38)。

图 2-37 冻胀率试验的模具

图 2-38 冻胀率试验的试样制备过程

## 2.5.2 冻胀率的测试过程

冻胀率的测试过程见图 2-39～图 2-41。

图 2-39 冻胀试验的温度测试系统

图 2-40 冻胀试验的补水系统

图 2-41 冻胀率的测试过程

### 2.5.3 冻胀率的测试数据

试验时,将土样冻胀率测试的冷端温度控制在-10℃左右,土样的冻胀率测试结果列于表2-7。

表2-7 土样冻胀率的测试结果汇总表

| 序号 | 土层编号 | 土层名称 | 冻胀率(%) |
| --- | --- | --- | --- |
| 1 | 4-1 | 淤泥 | 2.21 |
| 2 | 4-2 | 淤泥质黏土 | 2.32 |
| 3 | 4-4 | 中粗砾砂 | 1.23 |
| 4 | 4-6 | 淤泥质砂 | 1.50 |
| 5 | 5-1-1 | 黏土 | 2.54 |
| 6 | 5-1-2 | 粉质黏土 | 2.25 |
| 7 | 5-1-3 | 淤泥质黏土 | 2.87 |
| 8 | 5-4 | 中粗砾砂 | 1.12 |
| 9 | 11 | 残积土 | 1.81 |
| 10 | 17-1 | 全风化花岗闪长岩 | 1.42 |
| 11 | 17-2 | 松散体强风化花岗闪长岩 | 1.40 |

# 3 海底联络通道冻结法设计与施工

## 3.1 海底联络通道的冻结法设计技术

在海底隧道联络通道的冻结设计中,最重要的就是确定冻结帷幕的厚度。冻结帷幕的厚度是评定应用冻结法加固经济合理性的基本参数,是人工冻结法技术设计的核心。过大或过小的冻结帷幕厚度将导致冻土体积大幅度增加或冻结帷幕破裂,甚至导致地下水涌入开挖空间,从而造成整个地下工程的失败。

工程上对冻结帷幕的结构设计仍多采用传统的单纯增大安全系数以增加冻结帷幕厚度的方法,该方法既不经济也不合理。目前,国内外学者多采用解析方法、模型试验和有限元方法等手段进行冻结帷幕厚度的计算分析方法与研究。冻结帷幕厚度的确定要综合考虑水、热、力、土性等的综合作用,还要考虑空间、蠕变以及非均质等其他诸多因素的影响,因此要取得显式简单解,其计算是相当复杂的。

选取厦门地铁 2 号线带集水井结构的联络通道进行冻结壁的设计,其他的联络通道可以参照相关的冻结设计。

### 3.1.1 联络通道的基本参数

联络通道的结构参数:根据提供的联络通道设计结构,联络通道的结构设计如图 3-1 所示。

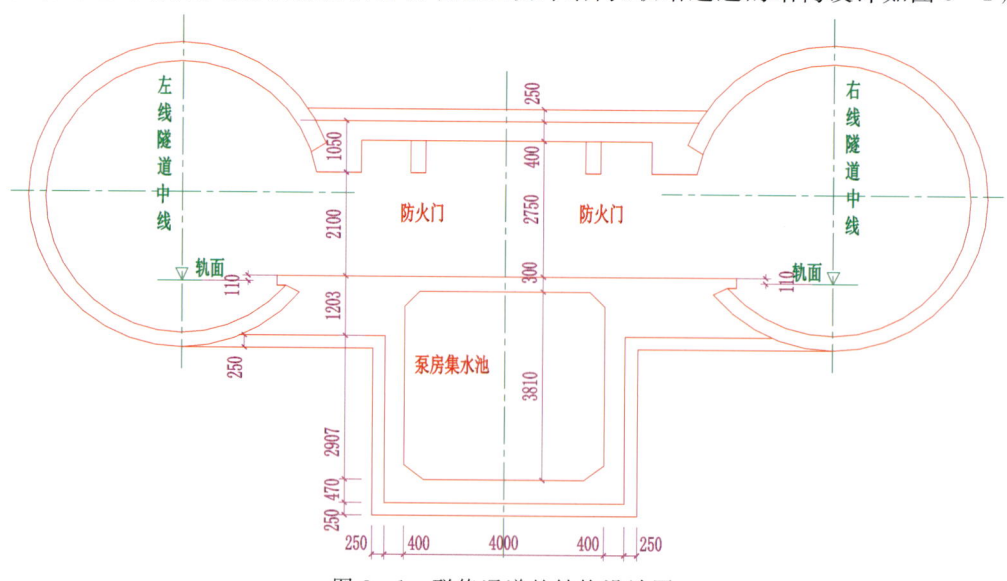

图 3-1 联络通道的结构设计图

联络通道冻结壁承受的土压力计算:初步确定联络通道冻结壁顶部为30m厚地层,不考虑海水的影响,全部按照地层的土体分布压力进行土压力的计算。

冻土的强度:按照-10℃的取值进行计算。

### 3.1.2 施工方案设计的基本原则和要点

采用冻结法加固土体安全可靠,适应该区工程地质和水文地质条件,方案设计的基本原则如下。

(1)水平孔冻结帷幕技术性能必须满足联络通道施工的安全和质量要求,加固土体应遍达待加固区域。

(2)冻土帷幕的厚度及强度应满足联络通道开挖的要求,尤其保证冻结帷幕的厚度,同时确保冻结帷幕与隧道管片的完全胶结。做好冻结和开挖的配合工作,并根据开挖后冻结帷幕变形情况及时调整开挖构筑工艺。

(3)设计方案应在满足工程要求工期的前提下具备优化潜力。

(4)设计方案中必须考虑关联公共设施的位置及其安全保障,满足城市环境保护及节能要求。

(5)尽量减少冻胀与融沉的危害,并采取措施控制旁通道和管片变形在允许范围内。

(6)为缩短工期,减少地层沉降带来的影响,在较短时间内解决冻结解冻融沉注浆问题,在联络通道施工结束后,必要时可以采取强制解冻融沉注浆的施工工艺。

### 3.1.3 冻土帷幕结构计算

冻土帷幕是海底隧道联络通道开挖施工的临时支护结构物,其功能是隔绝联络通道外的地下水和抵抗外部的水土压力,其厚度取决于结构外水土压力的大小和冻土的强度。冻结帷幕的力学计算模型可按均质线弹性体简化,其力学特性参数取冻结帷幕平均温度下的冻土力学特性试验值。

在设计的计算中,将联络通道上部结构简化为图3-2所示的刚架,拱上作用均布载荷,垂直部分受梯形水土压力载荷。

由于结构和载荷是对称的,取左侧一半为研究对象,在拱顶截面有一个弯矩$M_0$和一个轴力$F_y$,如图3-3所示。

拱顶横梁的弯矩方程:

$$M(\varphi) = 0.083\,2 + 1.617\,9(1-\cos\varphi) - 2.613\,1\varphi \cdot \sin\frac{\varphi}{2} \quad (3-1)$$

$\varphi \in (0, 49.96°)$;

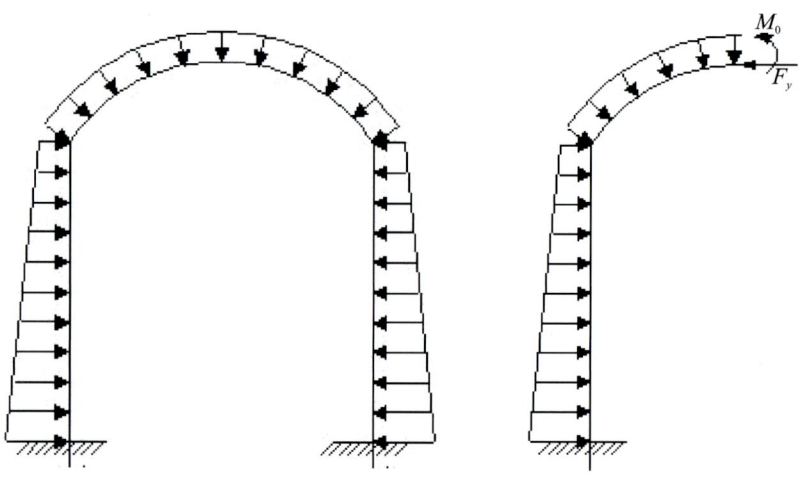

图 3-2 上部模型简化成的刚架图　　图 3-3 上部刚架受力分析图

变化曲线如图 3-4 所示,可以求取最大弯矩值。

根据不同的检验指标,考虑到海底联络通道施工的重要性,相应的安全系数选取如下:抗压验算取 3.0,弯拉验算取 3.0,抗剪验算取 3.0。

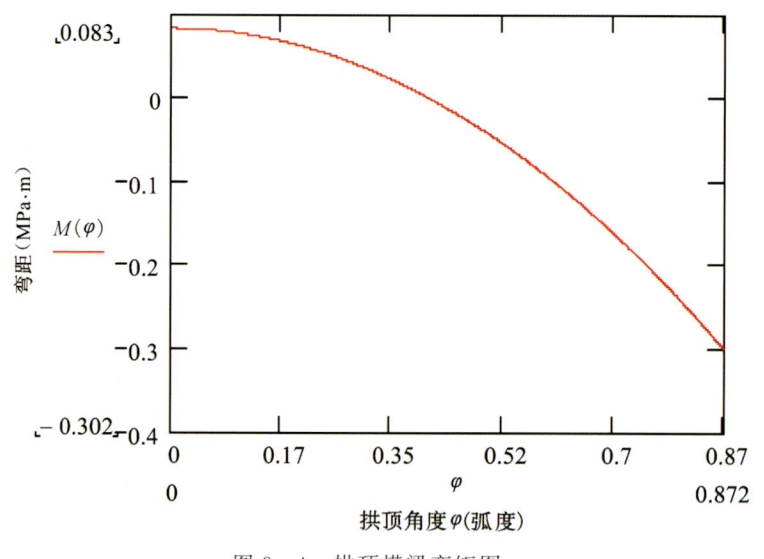

图 3-4 拱顶横梁弯矩图

根据结构特点,排水泵房的设计模型可简化为图 3-5 所示的刚架,其中垂直部分受梯形载荷,底部均布载荷。

排水泵房结构的内力图如图 3-6 所示,可求出排水泵房结构截面的最大弯矩。

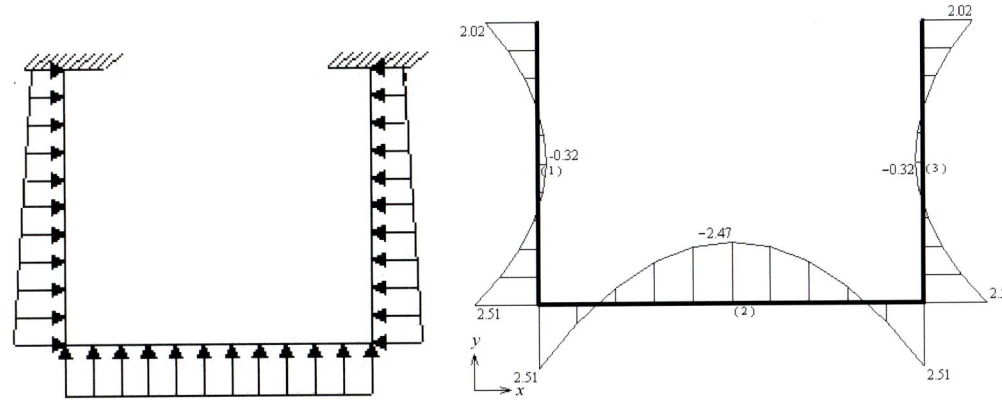

图 3-5 排水泵房结构模型简化成的刚架图　　图 3-6 下部排水泵房结构内力图

根据求出截面的最大弯矩值,对照冻土的强度,考虑到受安全系数的影响,冻结壁厚度 2.5m 即可满足冻土的强度要求。

### 3.1.4 冻土帷幕受力的验算

在科学技术领域内,对于许多力学问题和物理问题,人们已经得到了应遵循的基本方程和相应的定解条件,但能利用解析方法求出精确解的只有少数。对于大多数非线性和几何不规则的问题,采用解析方法求解时,只能通过对问题进行简化的方式求解,这往往产生较大的误差甚至错误的结论。因此,人们就寻找和发展了另一种求解复杂问题的有效方法——数值解法。对于采用冻结法施工的联络通道也是如此,采用解析法计算进行了大量的简化,与实际工况存在较大的差别。因此,对于联络通道冻结帷幕的计算,利用数值解法可以更经济、省时,也能考虑更多的影响因素。

根据联络通道及排水泵房结构的对称性,取对称结构的一半作为研究对象,进行有限元分析。土体采用 solid92 单元来验证 2.5m 厚度冻结壁的内力是否满足冻土强度的要求,不同断面处冻结壁的内力计算结果见图 3-7～图 3-12。

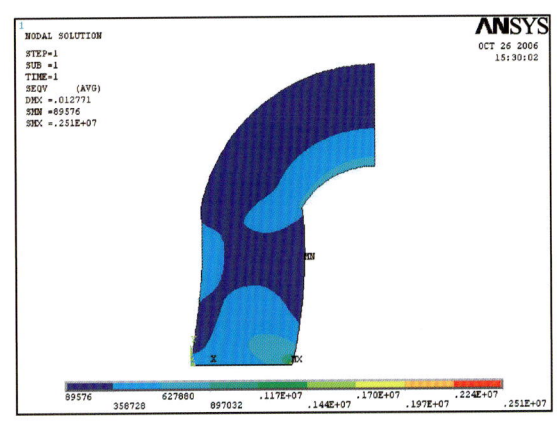

图 3-7 上部联络通道结构等效应力图

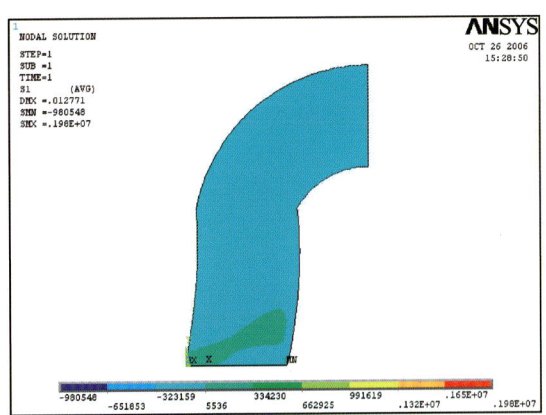

图 3-8 上部联络通道结构第一主应力图

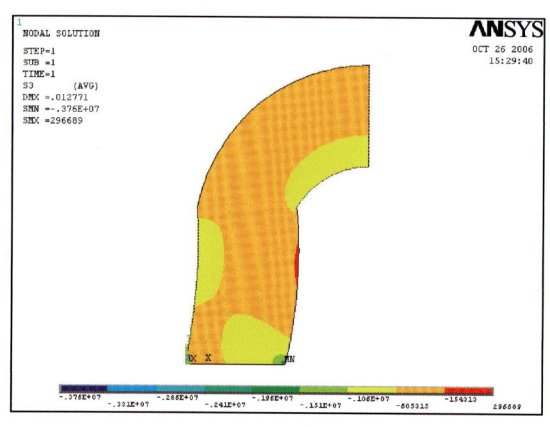

图 3-9　上部联络通道结构第三主应力图

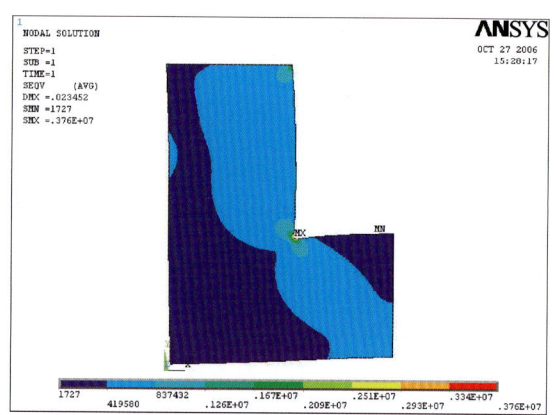

图 3-10　下部排水泵房结构的等效应力图

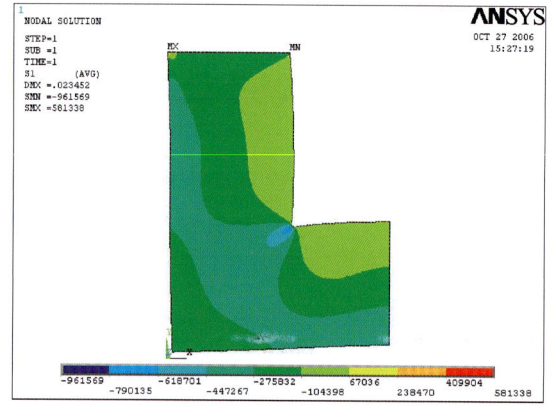

图 3-11　下部排水泵房结构的第一主应力图

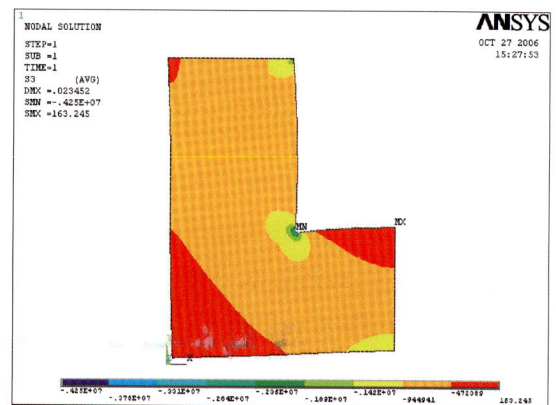

图 3-12　下部排水泵房结构的第三主应力图

从计算结果来看,联络通道和排水泵房冻土结构厚度取 2.5m,其最大应力值小于冻土 －10℃的强度,满足设计要求。

在实际工程设计中,确定准确的设计参数后,也可以采用三维模型进行有限元的分析,进一步验证冻土结构的内力是否满足冻土强度要求。

## 3.1.5　平均温度的计算

冻结形成冻结壁的温度场分布特征受到冻结孔布置参数的影响,表现为明显的不均匀性,设计中冻结壁平均温度的计算方法一般包括以下内容。

(1)按圆管稳定导热求解冻结帷幕平均温度。冻结壁交圈后,冻结锋面很快就发展为以井筒中心线为轴的圆柱面。当冻结壁达到设计厚度时,冻结壁的发展速度就很慢了。此时的冻结温度场可近似看作稳定湿度场,若将冻结管的布置圈视为一个热流源,其温度为轴面的平均温度(图 3-13)。轴面平均温度 $t_{zm}$ 可用依·姆·伺捷潘诺夫公式计算,其公式为:

$$t_{zm} = t_b \left(0.77 + 0.03 \frac{S}{2R_0} - 0.40 \frac{S}{2E_2} + \frac{d}{S} + 0.07 \frac{E_1}{E_2}\right) \tag{3-2}$$

式中,$t_b$ 为冻结管外壁的温度,℃;$S$ 为冻结管间距,m;$R_0$ 为冻结管布置半径,m;$d$ 为冻结管外直径,m;$E_1$、$E_2$ 分别为冻结壁在冻结管布置圈径内、外侧的厚度,m。

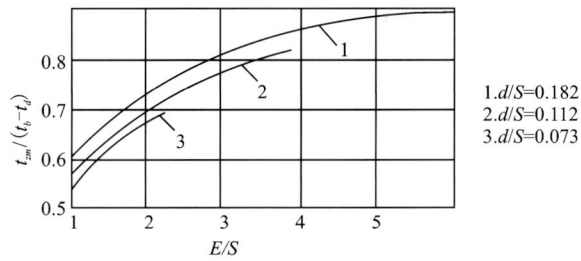

图 3-13 轴面平均温度的综合图

冻结温度场可看成是两个圆管的稳定导热问题,这两个圆管为:①以冻结管布置圈面和外冻结锋面为内、外表面的圆管,其内表面的温度取为轴面平均温度 $t_{zm}$,外表面温度为土层冻结温度 $t_d$;②以内冻结锋面(如冻土已扩展入井内,则为联络通道掘进荒侧面)和冻结管布置圈面为内、外表面的圆管,其内表面的温度为土层的冻结温度 $t_d$(如冻土已扩展入井内,则为开挖面温度 $t_n$)。

根据圆管稳定导热问题的解可推导得:

$$t_{m1} = \frac{3t_i}{2} - \frac{t_m}{2} - \frac{t_{zm} - t_i}{1 - \left(1 - \frac{E_1}{R_0}\right)^2} \ln\left(1 - \frac{E_1}{R_0}\right) \tag{3-3}$$

$$t_{m2} = \frac{3t_m}{2} - \frac{t_d}{2} - \frac{t_d - t_{zm}}{1 - \left(1 - \frac{E_1}{R_0}\right)^2} \ln\left(1 - \frac{E_1}{R_0}\right) \tag{3-4}$$

$$t_m = \frac{E_1(2R_0 - E_1)t_{m1} + E_2(2R_0 + E_2)t_{m2}}{(2R_0 + E_2 - E_1)(E_2 + E_1)} \tag{3-5}$$

式中,$t_{m1}$ 为冻结管布置圈内侧冻结壁的平均温度,℃;$t_{m2}$ 为冻结管布置圈外侧冻结壁的平均温度,℃;$t_i$ 为如冻土没有进入掘进荒径内,取 $t_d$,如冻土已扩展入井内,则取为井帮温度 $t_n$;$t_m$ 为冻结壁的平均温度,℃。

(2)鉴于冻结壁的厚度是以界面厚度为准的,故有时用界面平均温度表征整个冻结壁的平均温度(图 3-14)。

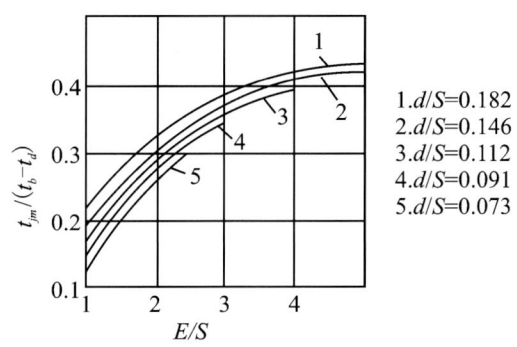

图 3-14 确定界面平均温度的综合图

试验证明:界面平均温度可用下述波·夫·巴哈金公式计算,也可查图 3-14 求得,其公式为:

$$t_{jm} = 0.5 t_k \tag{3-6}$$

(3)苏联用纳斯诺夫公式计算冻结壁的平均温度 $t_m$。

$$t_m = t_c \left( 0.32 + 0.8 \frac{d}{S} - 0.20 \frac{S}{E} \right) \tag{3-7}$$

(4)波兰常用依·姆·伺捷潘诺夫公式计算冻结壁平均温度。

$$t_m = t_b \left( 0.42 + 0.09 \frac{S}{2R_0} - 0.20 \frac{S}{2E_2} + 0.37 \frac{d}{S} + 0.01 \frac{E_1}{E_2} \right) \tag{3-8}$$

(5)中国计算冻结壁平均温度多采用成冰公式。

$$t_m = t_c \left[ 1.135 - 0.352 \sqrt{S} - 0.785 \frac{1}{\sqrt[3]{E}} + 0.266 \sqrt{\frac{S}{E}} \right] - 0.466 \tag{3-9}$$

对于式(3-9),当井帮温度低于 0℃时,冻结壁有效厚度中的平均温度 $t'_m$ 为

$$t'_m = t_m + \omega t_n \tag{3-10}$$

式中,$\omega$ 为经验系数,$\omega = 0.25 \sim 0.30$;$t_n$ 为计算水平的井帮温度,℃。

对于双排孔冻结下冻结壁平均温度计算公式,有

$$t_{ms} = t_m + t_s \tag{3-11}$$

式中,$t_{ms}$ 为双排孔冻结时冻结壁有效厚度内的平均温度,℃;$t_s$ 为双排孔冻结的附加温度,可取 $-2.5 \sim -1.5$℃。

(6)图解法计算冻土的平均温度。根据测温孔和冻结孔的温度以及两者的距离,采用图解法可以得到冻土的平均温度。根据实测温度画出温度与距离的变化曲线,然后根据曲线包围的面积进行折算,通过折算使温度曲线包围的范围为一矩形,矩形所对应的温度就是平均温度。

## 3.2 海底联络通道冻结施工工艺

### 3.2.1 海底联络通道施工工序流程

根据工程地质条件及其他施工条件,海底联络通道一般采用"隧道内钻孔,冻结临时加固土体,矿山法暗挖构筑"的施工方案,即在隧道内利用水平孔和部分倾斜孔冻结加固地层,使联络通道及集水井外围土体冻结,形成强度高、封闭性好的冻土帷幕,然后根据"新奥法"的基本原理,在冻土中采用矿山法进行联络通道及泵站的开挖构筑施工,地层冻结和开挖构筑施工均在区间隧道内进行。其中,冻结孔施工和联络通道临时支护施工为本工程的关键工序。冻结检测和温度、土体变形、压力监测施工为特殊工序。

水平地层加固和开挖构筑的主要施工工艺及顺序如图 3-15 所示:

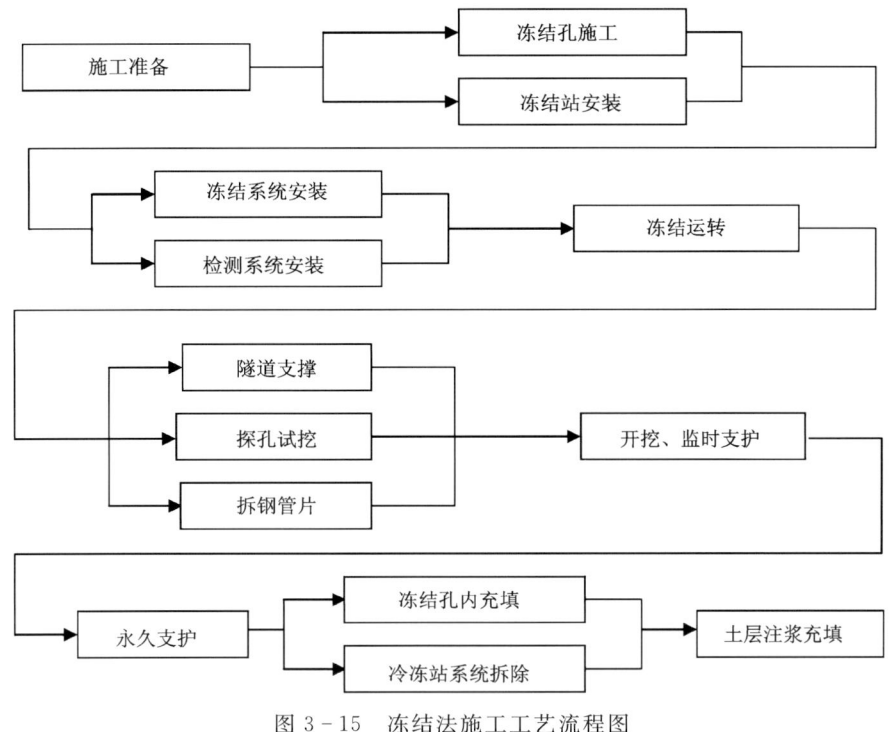

图 3-15 冻结法施工工艺流程图

## 3.2.2 冻结孔的钻孔施工

**1. 冻结孔施工顺序**

先施工穿透孔，根据穿透孔的偏差，进一步调整有关的钻进参数，然后根据联络通道施工的孔位，采用由下向上的顺序进行施工，这样可防止因下层冻结孔的施工引起上部地层扰动，减小钻孔施工时的事故发生率。

**2. 冻结孔的定位**

依据施工基准点，按冻结施工图进行冻结孔孔位放线，孔位布置首先要依据管片配筋图和钢管片加强筋的位置，在避开主筋、管缝、螺栓及钢管片肋板的前提下可适当调整，不大于100mm。

**3. 冻结孔开孔及孔口密封装置**

开孔选用 J-200 型金刚石钻机，配 Φ130mm 金刚石取芯钻头进行钻孔，深度约 250mm，不得钻穿管片。用钢楔楔断岩芯，取出后，打入加工好的孔口管，并用不少于 4 个的固定点将孔口管固定在管片上（固定点采用植筋的方式，植入钢筋为 Φ14mm 螺纹钢），然后安装孔口密封装置，如图 3-16 所示。当每个钻孔完成后，在孔口法兰与冻结管之间的间隙间用钢板焊接密封。

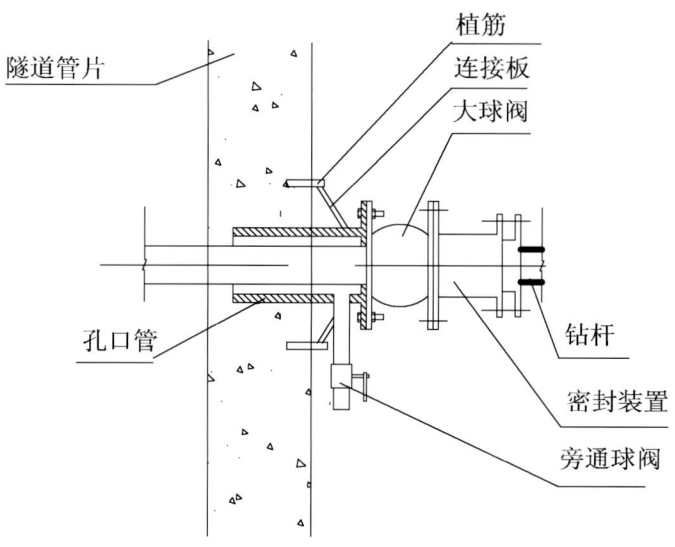

图 3-16 冻结孔的开孔结构图

**4. 冻结孔钻进**

冻结管之间采用套管丝扣连接,接头螺纹紧固后再用手工电弧焊焊接,确保其同心度和焊接强度。正常情况下,钻进时安装简易钻头,直接无水钻进。如果钻进困难,在钻头部位安装一个特制单向阀门,采用带水钻进。冻结管到达设计深度后冲洗单向阀,并密封冻结管端部。

钻进过程中严格监测孔斜情况,发现偏斜要及时纠偏,下好冻结管后,进行冻结管长度的复测,然后再用灯光测斜仪进行测斜并绘制钻孔偏斜图。在冻结管内下供液管,然后焊接冻结管端盖和去、回路羊角。

### 3.2.3 冻结制冷系统安装

**1. 冻结站布置**

根据现场施工环境,将冻结站安装在区间隧道内。靠近联络通道的位置,站内设备主要包括冷冻机组、盐水箱、盐水泵、清水泵、冷却塔及配电控制柜等,设备安装按照设备使用说明书进行。

**2. 冷冻机组的安装**

螺杆式制冷压缩机组由螺杆压缩机、电动机、联轴器、气路系统(包括吸气止回式截止阀和吸气过滤器)、油路系统(包括油分离器、油冷却器、油过滤器、油泵、油压调节阀和油分配管路)、控制系统(包括操作仪表箱、控制器箱、电控柜等)和设备、系统间的连接管路等组成。

按照冻结站布置图,冷冻机组就位后,首先将机组固定在工字钢平台上,底梁与工字钢要进行焊接或用螺栓连接。固定时注意要用水平尺对机组进行找平,通过不断调整工字钢将机组调平。

机组固定好后,要及时用木板将周围平台搭设好。根据现场的管路布置,可以灵活调整冷凝器两头盖板,以达到优化管路布置的目的。将机组启动柜布置在机组旁边有利于操作方便的位置,同时注意与机组之间留下一定的空间,以对平时的操作维护带来方便。

盐水管路、清水管路与机组之间采用法兰连接,要合理地布置安装阀门,利于平时开启与关闭操作,同时又要对维护时拧螺栓等提供方便。

**3. 冻结系统的管路安装和保温**

清水管路和盐水干管采用焊接,在需要调整的地方采用法兰连接。隧道内的盐水管用管架敷设在隧道管片斜坡上,用法兰连接。在盐水管路和冷却水循环管路上要设置阀门和压力表、测温仪测试组件等。

盐水管路经试漏、清洗后用保温板或棉絮保温,保温厚度为 20mm,保温层的外面用塑料薄膜包扎。集配液圈与冻结管用高压胶管连接,每组冻结管的进出口各装阀门一个,以便控制盐水流量。

由于混凝土和钢管片相对于土层要容易散热得多,为加强冻结帷幕与管片胶结,用素混凝土将钢管片格栅内填充密实,然后采用保温板对冻结帷幕发展区域管片进行隔热保温。在冻结管的端部区域范围内布置冷冻排管,同样用素混凝土将钢管片格栅内填充密实,然后采用保温板对冻结帷幕发展区域管片进行隔热保温。

施工完成的冻结系统管路如图 3-17 和图 3-18 所示。

图 3-17 冻结管路及保温图

图 3-18 冻结管连接图

## 3.2.4 冷媒的选择

一般在积极冻结阶段,循环冷媒的温度可以控制在 -30～-28℃ 之间,可以采用氯化钙溶液作为冻结过程中的冷媒,其中溶液的浓度根据冻结盐水的结冰温度来选择。氯化钙水溶液的凝固点应低于设计温度 8～10℃,相对密度不宜高于 1.27g,冻结过程中氯化钙水溶液应充满循环系统中所有的容器和管路,氯化钙的用量一般可采用式(3-12)来进行计算:

$$G = 1.2g(V_1 + V_2 + V_3)/\rho \quad (3-12)$$

式中,$G$ 为氯化钙的用量,kg;$g$ 为单位盐水体积固体氯化钙含量,kg/m³;$\rho$ 为固体氯化钙纯度,无水氯化钙取 96%,晶体氯化钙取 70%;$V_1$ 为冻结器内盐水体积,m³;$V_2$ 为干管及集配液圈内盐水体积,m³;$V_3$ 为蒸发器和盐水箱内盐水体积,m³。

### 3.2.5 冻结管的布置方案

冻结管是冻结过程中的关键问题,其布置参数决定整个冻结过程,冻结管的布置参数一般包括冻结孔的成孔控制间距、冻结孔开孔间距、冻结孔孔位、冻结孔深度和冻结孔的偏斜精度要求等。冻结管的基本参数决定了冻结壁的形成过程,包括冻结壁的交圈时间、预计冻结壁扩展厚度和冻结壁平均温度等。

冻结孔成孔控制间距应按设计冻结壁厚度、冻结壁的平均温度、盐水温度和冻结工期要求等确定,布置单排冻结孔时冻结孔的成孔控制间距可按表 3-1 取值,但不宜大于冻结壁设计厚度。当采用多排冻结孔密集布置时,内部冻结孔成孔控制间距可取边孔的 1.2 倍。

冻结管的开孔间距不宜大于冻结孔成孔控制间距与冻结孔最大偏斜之差,当布置冻结管在规定冻结工期内达不到设计冻结壁厚度和平均温度时,应布置多排冻结管进行冻结。

表 3-1 单排冻结孔成孔控制间距值

| 冻结孔类型 | 水平或倾斜冻结孔 | | |
| --- | --- | --- | --- |
| 冻结孔深度(m) | ≤10 | 10～30 | 30～60 |
| 冻结孔成孔间距(mm) | 1100～1300 | 1300～1600 | 1600～2000 |
| 冻结管的偏斜(mm) | 150 | 150～350 | 350～600 |

### 3.2.6 冷媒的流量控制及工艺

设备安装完毕后进行调试和试运转。在试运转时,要随时调节压力、温度等各状态参数,使机组在有关工艺规程和设备要求的技术参数条件下运行。冻结系统运转正常后进入积极冻结。

此阶段为冻结帷幕的形成阶段,联络通道设计冻结时间一般为 45～60d,冻结过程中要求冻结孔单孔流量不小于 5m³/h,去、回路温差不大于 2℃,开挖前盐水温度降至 -28℃以下。如盐水温度和盐水流量达不到设计要求,应延长积极冻结时间。

在积极冻结过程中,要根据实测温度资料判断冻结帷幕是否交圈和达到设计厚度,同时要监测冻结帷幕与隧道的胶结情况,测温判断冻结帷幕交圈并达到设计厚度且与隧道完全胶结后,可进入维护冻结阶段。维护冻结期温度为-28～-25℃,盐水流量保持不变,去、回路温差小于2℃,冻结时间贯穿联络通道开挖和主体结构施工始终。

## 3.3 海底联络通道的掘砌和结构施工工艺

### 3.3.1 掘砌施工与临时支架安装

**1. 施工顺序**

掘砌的施工顺序为联络通道先开挖一侧,再开挖通道中间段,而后至另一侧贯通,临时支护按开挖步骤随挖随支;贯通后,进行通道部分防水层、结构层施工。带有泵房的,在上部的通道结构施工完成后,再进行开挖和二衬施工。

施工步骤1:左右线区间隧道贯通后,联络通道处左右线隧道内设预应力临时内支撑,钢管片开孔处安装应急门,其他冻结相关准备就绪后,实施联络通道周围地层冻结加固(图3-19)。

施工步骤2:联络通道地层冻结检测达到强度要求,开挖联络通道土层,及时施工初期支护工字钢架(图3-20),应做到"短进尺,少扰动,早闭合,勤量测"。

施工步骤3:施工联络通道二衬,为后浇注的泵房中板和集水池预留钢筋,预埋DN250球墨铸铁排水管,联络通道拱部处设置内部支撑结构,且在泵房中板处施做临时混凝土支撑。开挖集水井前应放样,将集水井防护盖板及钢撑等构件加工完并放置在适当的位置,一旦集水井开挖发生险情应及时关闭集水池防护盖板(图3-21)。

施工步骤4:待联络通道二衬达到强度后,拆除B断面部分临时钢架及C断面临时钢架,实施集水井初期支护和二衬(图3-22)。

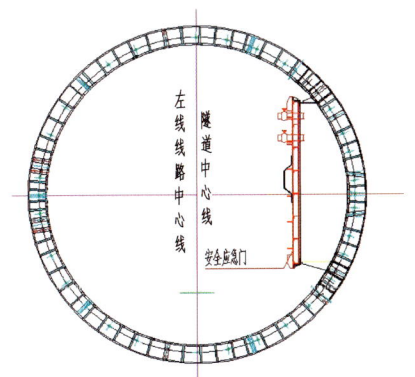 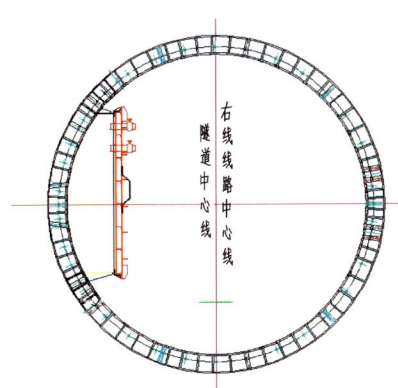

图3-19 施工步骤1:开挖前安装安全门

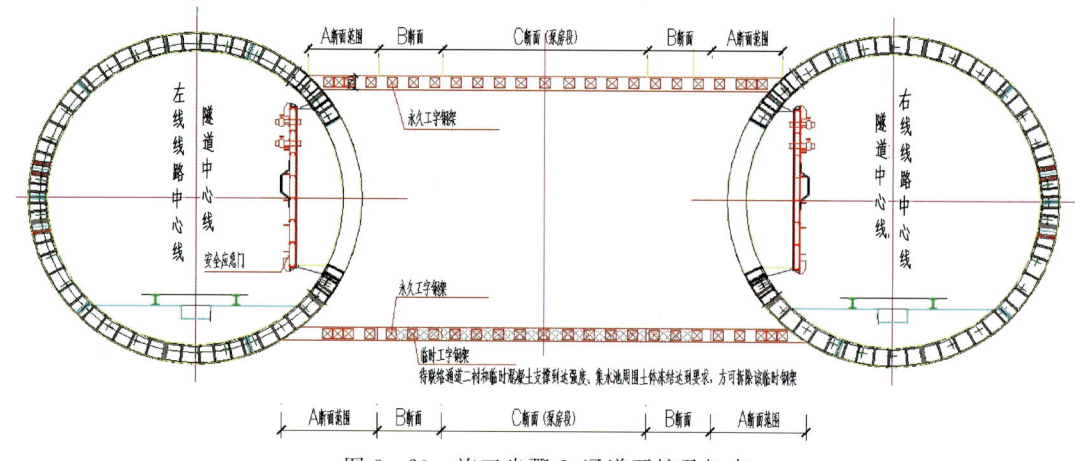

图 3-20 施工步骤 2：通道开挖及初支

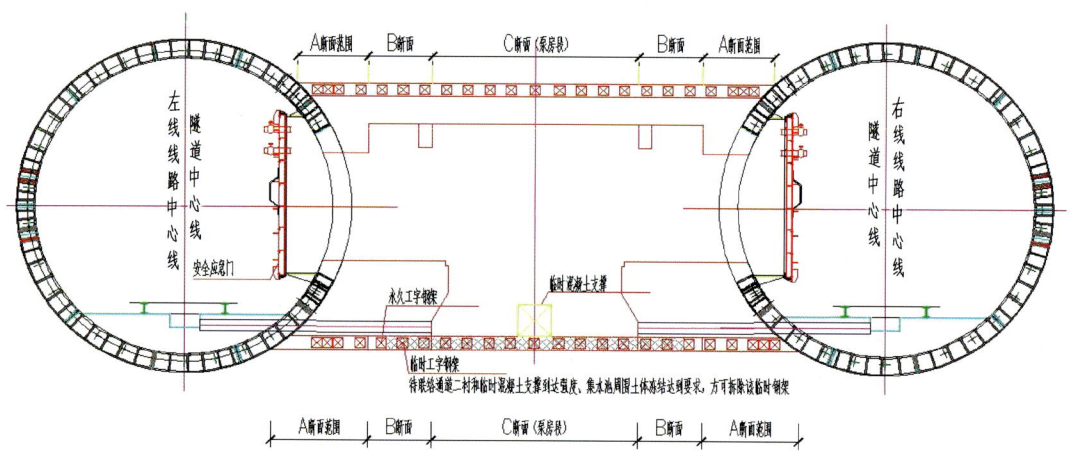

图 3-21 施工步骤 3：通道二衬施工

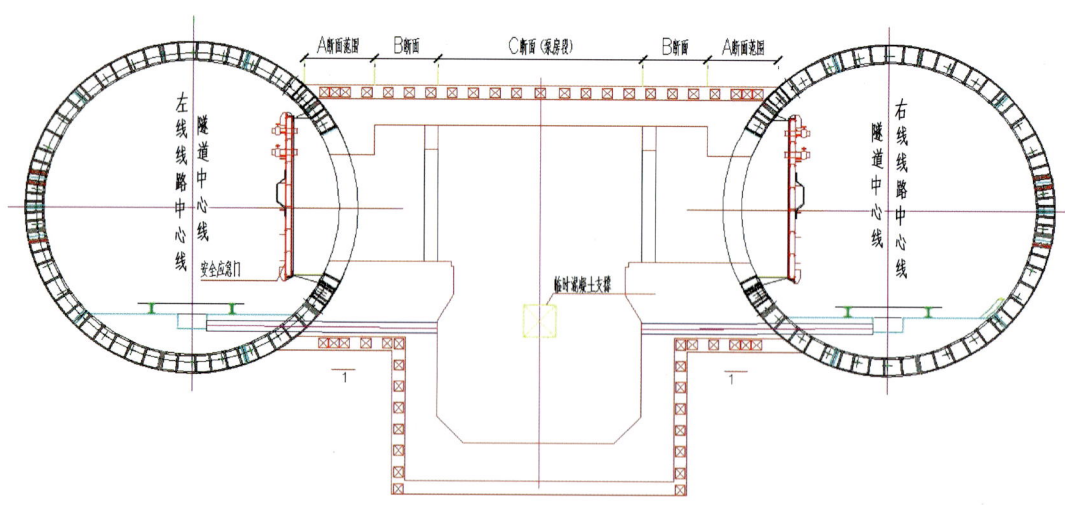

图 3-22 施工步骤 4：泵房开挖及二初施工

联络通道及泵站掘砌施工工艺流程如图3-23所示。

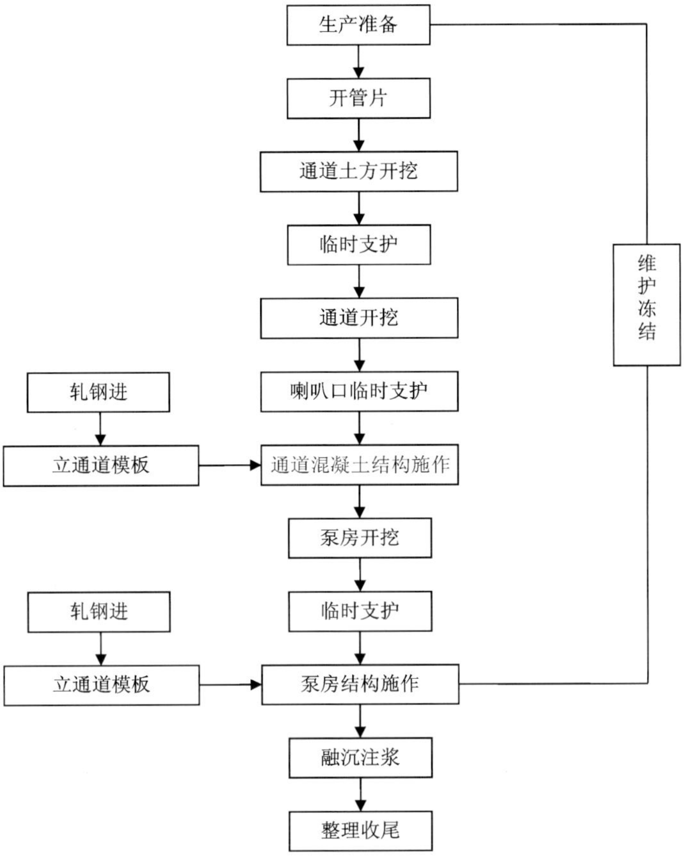

图3-23 联络通道及泵站掘砌施工工艺流程图

**2. 开挖方式**

联络通道开挖构筑施工占用一侧隧道,在联络通道开口处搭设工作平台,利用隧道作为排渣及材料运输通道。经探孔试挖确认可以进行正式开挖后,打开钢管片,然后进行暗挖法施工。

开挖掘进采用人工风镐挖掘、短掘短砌技术,开挖步距控制在0.3~0.5m间,在掘进施工中根据揭露土体的加固效果以及监控监测信息,及时调整开挖步距和支护强度,确保安全施工。土方开挖按照前文提到的施工顺序进行。由于土体采用冻结法加固,冻土强度较高,冻结帷幕承载能力大,一般开挖时可以采用全断面一次开挖。

**3. 支护方式**

采用两次支护方式:第一次支护(临时支护)采用型钢支架加钢筋网片,再喷射混凝土;第二次支护(永久支护)采用现浇钢筋混凝土。

联络通道开挖后,地层中原有的应力平衡受到破坏,引起通道周围地层中的应力重新分布。这种重新分布的应力不仅使上部地层产生位移,而且会形成新的附加荷载作用在已加固好的冻土帷幕上,当冻土帷幕墙所承受的压力超过冻土强度时,冻土帷幕及冻结管会产生蠕变。为了控制这种变形的发展,冻土开挖后就要及时对冻结帷幕进行支护,所以联络通道的临时支护既作为维护地层稳定、确保施工安全的一项重要技术措施,又作为永久支护的一部分,是支护工艺中较为关键的一步。永久支护为结构设计中的钢筋混凝土结构,为减少混凝土施工接缝,联络通道开挖及临时支护完成后,一次连续进行分部浇筑。

**4. 预应力支架、安全应急门及应急盖板制作安装**

开挖施工之前,在通道开口处隧道管片开口环中不开口部位均匀设置8个支撑点隧道支架(支撑点的支撑能力不小于500kN/点),以减轻联络通道开挖构筑施工对隧道产生不利的影响。根据结构施工图要求,单个钢支架由6个预应力千斤顶、2个固定支撑和支撑保护板等部分组成(图3-24)。

在区间隧道上,右线联络通道开口两侧各架2榀支架,共4榀,并在联络通道的两端沿隧道方向对称布置,每榀支架有8个支点,由6个50t螺旋式千斤顶提供预应力,施加预应力时每个千斤顶要同时慢慢平稳加压,每个千斤顶以压实支撑点为宜。

安全应急门安装在开挖侧隧道预留洞口上,并配备风量不小于6m³/min的空压机为防护门供气。安全门在开管片前安装,安装后进行耐压密封实验,先向防护门内注满水,再用空压机加压,在不停止空压机时压力能保持在设计允许值为合格。安全应急盖板在泵站开挖前进行安装,是防止开挖过程中发生位移、变形、超值,或冒泥、涌水,在其他措施抢救无效的情况下,为确保隧道安全而使用的。根据结构施工图要求,设计安全应急门(图3-25)。

图3-24 预应力支架安装

图3-25 安全应急门

**5. 开管片**

加固土体强度达到设计要求及准备工作就绪后,开挖构筑工作就可正式开始,探孔后即可开管片。开管片前,首先准备两台5t千斤顶,以及5t和2t手拉葫芦各一个。

将两台千斤顶架在被开管片两侧,中间用一根型钢横梁同钢管片直接相连接,通过千斤顶顶推横梁并向外顶推钢管片。操作时,要认真观察管片受力及位移情况,消除局部受阻因素,防止管片变形。5t葫芦作为辅助拉拔管片用,一端挂住欲拆管片,另一端系在加工好的龙门架上,水平方向稍加力向外(隧道内)拉拔管片,要配合千斤顶操作。2t葫芦悬吊在欲拆管片的上方,一端钩住欲拆管片,以防管片拉出时突然砸落在工作平台上(图3-26)。

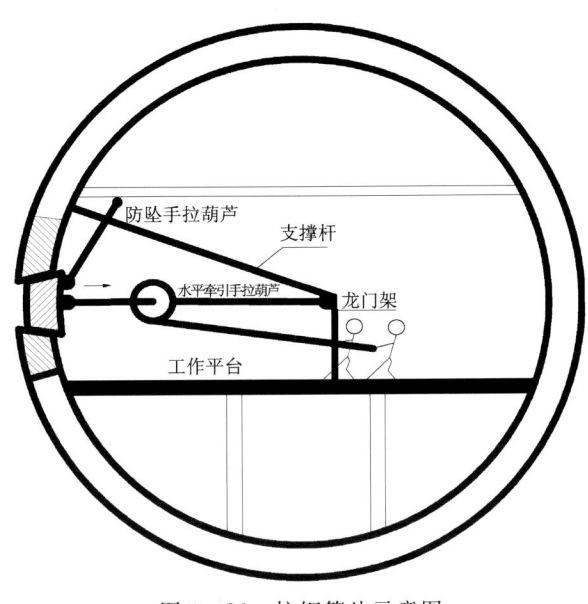

图3-26 拉钢管片示意图

**6. 土方开挖**

联络通道经探孔确认可以进行正式开挖后,打开钢管片,然后采用矿山法进行暗挖施工。根据工程结构特点,联络通道开挖掘进采取分区分层方式进行。

由于土体采用冻结法加固,冻土强度较高,冻结帷幕承载能力大,因而开挖时可以采用全断面一次开挖,通道、泵房开挖步距为0.5m。开挖断面超挖不大于30mm,开挖中心线偏差不大于20mm。

另外,冻土强度高、韧性好,需采用风镐进行掘进。为了提高掘进效率,加快施工进度,缩短冻土暴露时间,风镐尖需做淬火处理。而且掘进环境温度在0℃以下,输风管路及风镐中的冷凝水容易结冰,需进行除湿处理,要把风管悬吊起来,另外每隔1~2h向风管内注入酒精,防止冰屑的出现,并要求每个掘进班配备5~6把风镐,以避免不能正常工作而影响施工进度。

在掘进施工中根据揭露土体的加固效果以及监控监测信息,及时调整开挖步距和支护强度,确保安全施工。在开挖过程中,还要及时对暴露的冻结帷幕进行保温。开挖的土方用手推车或翻斗车运至隧道口,转由提升机运至地面指定的堆放处,再集中运出场地。

**7. 临时支架的安装**

临时支护采用型钢支架外加喷射混凝土进行支护。支架间距为0.4~0.5m,为增加支架

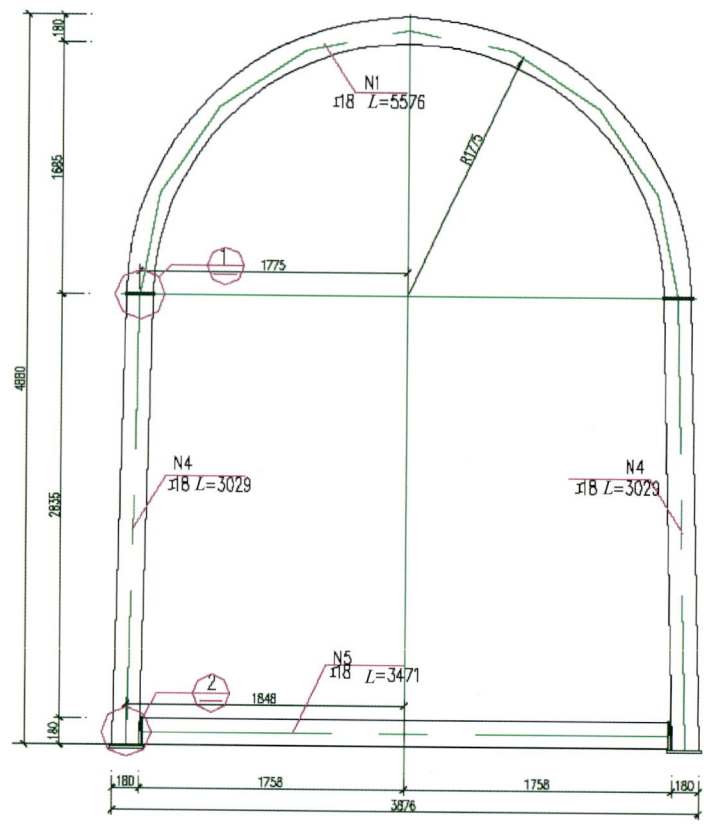

图 3-27 联络通道部分临时支护钢架图

的稳定性,相临两排支架间用钢筋 Φ22@1m 焊接相互连接。

### 3.3.2 喷射混凝土施工

**1. 喷射混凝土工艺流程**

各种材料(不含水)按照设计配比要求进行干拌和→拌和好的松散混凝土直接喂入喷射机料斗→由空压机提供的压缩空气裹携物料通过输料管送到喷头处→在此处加入水与物料混合→在风压作用下喷射到受喷面上。

**2. 喷射混凝土材料要求**

骨料粒径:为体现喷射混凝土的综合经济指标,采用骨料粒径不易过大,一般控制在 15mm 内。沙选用中粗沙,模度系数大于 2.5,必要时用 5mm 筛网过筛。石子粒径为 5～15mm,必要时用 5mm 和 15mm 筛网分别过筛。

材料配比:现场取样,根据试验室试验配制进行施工。

速凝剂:粉状速凝剂,初凝时间不大于 5min,终凝时间不大于 10min,28d 强度保持率大于 85%。速凝剂的掺量要严格控制,粉状速凝剂 3%～5%。

**3. 混凝土喷射**

根据结构要求特点,按照从下到上的顺序进行施工,分层进行喷射。

施工时要正确地控制喷射机的工作风压并保证喷嘴料流的均匀性。喷射机处的工作风压应根据适宜的喷射速度进行调整。若工作风压过高,即喷射速度过大,动能过大,使回弹增加;若工作风压过低,压实力小,影响混凝土强度。喷射机的料流要均匀一致,以保证速凝剂在混凝土中均匀分布。喷射完毕,要及时进行表面的修整,以方便防水层的施工。

### 3.3.3 钢筋加工与安装

(1)钢筋间排距应按结构设计图纸进行绑扎,钢筋搭接部分长度应符合设计要求,且不低于 35d(d 为钢筋直径),受力钢筋之间绑扎接头应相互错开(图 3-28)。

(2)从任一绑扎接头中心至搭接长度的 1.3 倍区段范围内,有绑扎接头的受力钢筋截面积占受力钢筋总面积的百分率不超过 25%。

(3)在结构混凝土与钢管片接触部位应按规定焊接锚筋,且纵筋与钢管片搭接处应采用"L"形焊接。

图 3-28 联络通道钢筋绑扎

### 3.3.4 模板施工

根据结构尺寸定制钢模板,立模一般采用 16♯槽钢制作的碹骨作为模板支撑(图 3-29),碹骨间距为 900~1200mm,碹骨立设于已浇底板混凝土面上,碹骨底脚处加型钢横撑,以防浇混凝土时侧墙内移,碹骨脚底加垫一层厚 20mm 的木板防止骨腿下沉。碹骨按中腰线安设并做到牢固可靠。模板就位前,应在模板上均匀涂刷脱模剂,按结构特征顺序安装模板,即先安设两侧墙模板,浇完后再从一端向另一端安齐顶模。检查模板的垂直度、水平度、标高以及钢筋保护层的厚度,校正合格后,将模板固定。

图 3-29 联络通道模板支撑

### 3.3.5 现浇混凝土施工

结构层混凝土选用商品防水混凝土,要求混凝土强度等级为 C40,抗渗等级为 P12。因隧道内长距离运输和结构浇筑时间长,可在混凝土内加入一定量的缓凝剂。混凝土由安装在工作井处的溜灰管输入到隧道口的轨道电机车内,然后运至工作面,尽量缩短运输时间,防止混凝土离析和硬化现象(图 3-30)。

用人工法将混凝土送入支好的钢模内并用插入式振捣

图 3-30 联络通道混凝土结构图

棒反复均匀振捣。搅拌的混凝土用试模制成标准试块,现场用于检测混凝土强度及抗渗性。

通道顶板内的混凝土浇筑采用分段浇筑的施工方式,采用小型输送泵浇筑混凝土,采用外部振捣(即用附着式振动器振捣),以提高工作效率,确保砌筑质量。

### 3.3.6 防水施工

**1. 遇水膨胀橡胶条及注浆管施工**

钢管片与支护层和结构层的接缝处设置兜绕成环的遇水膨胀橡胶条与预埋注浆管。遇水膨胀橡胶条用黏接剂沿着临时支护断面内侧直接粘到隧道管片上,黏接前必须对管片进行清洗,止水带一定要黏牢,不能留有空隙。

遇水膨胀橡胶条固定好后,再在管片上安装环绕成圈的 IT 注浆管,采用金属件固定,注浆口引出结构层外,注浆管搭接长度不小于 200mm。

**2. 防水板施工**

首先,在联络通道设两排注浆系统的注浆管,分别在离通道与盾构隧道接口的 1m 位置设置。

防水板采用 1.5mm 厚的 PVC 材料,铺设防水板前必须对初期支护表面找平,拱墙补喷找平,底部砂浆找平,对外部的钢筋接头切除、磨平(图 3-31)。

防水板铺设由拱顶开始,然后沿侧墙下翻与由底板铺设上翻的防水板相接,构成一封闭防水层。防水板的施工须保持连续与完整,且表面无破损情况。先铺设一层无纺布缓冲层,然后铺设防水板,再铺设一层无纺布保护层。缓冲层以机械固定方法固定于支护层上,保护层以点黏法热熔固定(图 3-32)。

防水板接缝搭接长度应为 100mm,焊接宽度不小于 50mm。

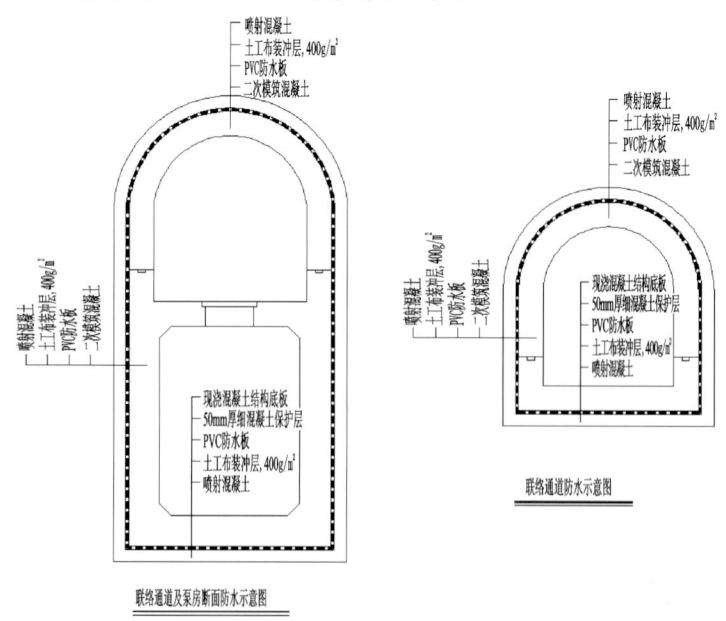

图 3-31 联络通道及泵房外包防水图

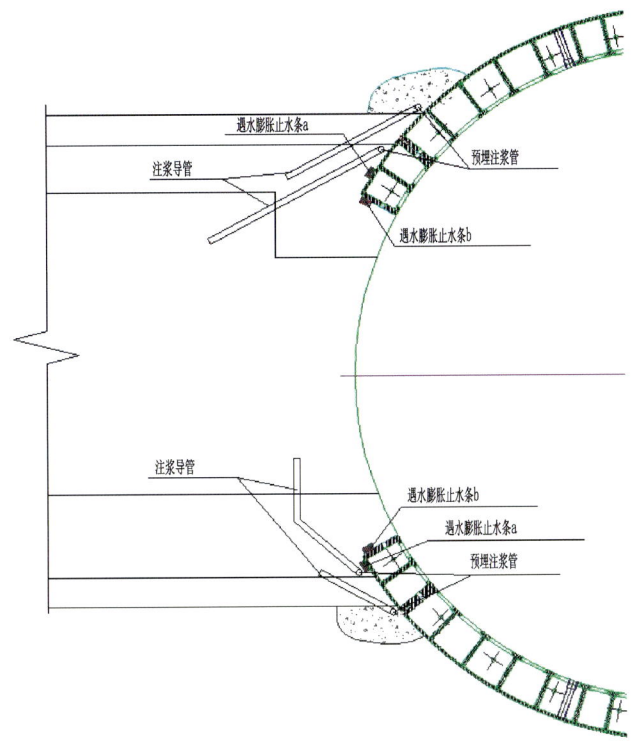

图 3-32 联络通道与管片接口处防水图

## 3.3.7 注浆施工工艺

**1. 解冻原则**

因周围地表环境要求不高,采取自然解冻方法,利用信息化监测系统监测土体温度、沉降变化,利用浅部注浆管和深部注浆管进行压密注浆。立足信息化施工,根据监测反馈及时跟踪注浆。

**2. 信息化监测**

控制地面和隧道的沉降变形是注浆的目的。因此,在解冻过程中,要加强地面和隧道变形监测、冻土融化温度监测。另外,在注浆施工过程中,浆液的压力可以通过在相邻注浆孔安装压力表来反映,综合监测数据是注浆参数调整的依据。

**3. 注浆顺序**

依据解冻情况,分区域针对注浆,目的是使联络通道结构和隧道能够依靠空间整体作用,而不至于使土体在还未注浆的情况下产生沉降。

**4. 注浆管的布置**

隧道底部和喇叭口处利用管片压浆孔,必要时再利用钻机开孔布设注浆孔;联络通道注浆孔设置按照设计蓝图施工;预埋管结构一般选用2寸(1寸≈0.033m)的焊接管,顶端接带螺纹的管箍,并用丝堵封闭。

**5. 浅部注浆孔注浆工艺**

浆液为惰性浆液,质量配比为水泥:粉煤灰:膨润土:水=0.1:0.4:0.5:1。注浆压力不超过2倍的静水压力,具体要根据隧道变形和地面变形监测情况做适当调整。

注浆以少量多次为原则,单孔一次注浆量控制在 $0.5m^3$ 左右。注浆前,将待注浆的注浆管和其相邻的注浆管阀门全部打开;注浆过程中,当相邻孔连续出浆时关闭邻孔阀门,定量压入惰性浆液后即可停止本孔注浆,关闭阀门,然后接着对邻孔注浆。遇到注浆管内窜浆固结而引起堵管时,需用加长冲击钻头通管。

根据地面变形情况,调整劳动组织,适时进行反复注浆,直至地面变形基本稳定。

**6. 深部注浆孔注浆工艺**

浆液为双液浆,材料为水泥与水玻璃双组分混合料,配合比为水泥浆:水玻璃溶液=1:1,水泥浆的配比为水:水泥=1:1。

单孔注浆量为 $1m^3$,注浆压力不超过2倍的静水压力。

利用结构施工时预埋的注浆孔,在孔内插入直径为32mm的芯管作为注浆管,芯管分4节,每节1m长,丝扣连接。注浆芯管前端部200mm为均匀花管。一次将注浆芯管下到设定的注浆深度。

先注深层,后注浅层,由下而上,具体做法如下。

(1)注浆芯管下到设定的注浆深度后,开泵注5min,注浆量为40L;注浆管向上提200mm,再注浆40L,依此类推,注浆管向上提200mm为止。注浆管每提高1m,注浆量为200L。

(2)单孔双液注浆结束后,用惰性浆液封孔,以便复用。

**7. 融沉注浆结束标志**

融沉注浆的结束以地面变形稳定为依据,当连续一个月时间内地面沉降量保持在0.3mm/15d以内,累计沉降量小于1mm/30d,可以结束融沉注浆。

# 4 海底联络通道冻结信息化施工技术

## 4.1 信息化施工监测的意义

随着我国经济建设的发展,富含水的复杂地质条件下的城市地下工程将日益增多,同时沿江城市由于受长江对陆路交通的天然阻隔,中心城市的辐射能力受到交通条件制约,地区间的发展很不平衡,因此建设越江通道消除江河对城市形成的自然阻隔、满足两岸的越江交通需求、调整城市功能布局、促进江河两岸联动发展的作用已经显得十分紧迫,这些都为冻结法的应用提供了广阔的空间。

然而,冻结法在发挥其独特优越性的同时,由于其施工工艺的特殊性,施工中如果不能及时掌握现场的量测信息,对冻结施工将起不到有效地指导作用,很有可能导致工程的失败,甚至造成灾难性的后果。

上海市复兴东路越江隧道在开挖4条联络通道冻结施工中,曾有3条通道分别发生冻结管断裂事故。发生这种事故主要是因为:①过度冻结,没有选择好合理的开挖时间,使得掘砌范围内的土体完全冻实,卸压孔失去作用,冻胀应力向外挤压造成冻土帷幕薄弱处产生裂缝或鼓起,通道开挖后应力释放,引起冻土帷幕变形;②临时支护不及时,冻结壁暴露时间长,冻土帷幕在外载作用下产生塑性变形引起应力松弛;③掘砌工艺不合理,该工程冻土帷幕薄弱点在联络通道的喇叭口位置,应缩短掘砌时间,及时支护。

上海轨道交通4号线在越江隧道联络通道冻结施工中,《冻结法施工方案调整》存在缺陷,使得局部区域存在薄弱环节,冻结过程中制冷设备又发生故障,导致冻结壁温度回升;出现这种情况后未能及时根据反馈的信息调整施工工艺,最终导致承压水突涌,联络通道因大量流砂涌入,引起隧道受损及周边地区地面沉降,造成的直接经济损失达1.5亿元。

因此,为避免类似工程事故的发生,本书对厦门海底联络通道冻结法信息化施工技术进行研究,通过对现场信息的量测、处理及反馈,有效地指导工程施工,确保工程安全、经济地进行,同时得出的信息化施工方法对同类工程的施工也具有重大意义。

### 4.1.1 信息化施工监测的概念

信息化施工方法是一种集成预测、监控、评价和修正的设计方法,是一个动态的过程,实施信息化施工必然要求设计、施工和监测等方面与之相适应。因此,完整的信息化施工系统至少应包括综合的技术体系(综合利用计算机技术、监控量测技术及反馈设计体系)、灵活全方位的信息管理体系(包括设计控制信息、施工过程控制信息、质量控制信息、进度投资控制该仪器测量钻孔倾角的传感元件采用测控飞行器姿势的加速度计,它既可测量动态加速度,又可测量静态重力,通过计算灵敏轴倾斜角度得出钻孔倾角。测量钻孔方位角采用地磁原理,传感元件采用磁通门磁力计。测斜时孔外的同步机在探管下入孔内前和探管进行一次同步操作,进入同步工作状态,当探管在钻孔某一点进行测量时,在同步机上按下采集开关一次,同步机记下此测点的测量时间,测量完后探管和同步机在孔外进行通信,由于在测量过程中探管和同步机同步运行,所以根据同步机的采集信号,即可从探管中读出测量孔段每一测点的倾角和方位角读数。

CQ-1A 型磁球定向测斜仪用于非磁性钻孔孔段单点测量倾角和方位角,以及孔内标记定向。采用浮动偏重磁球为测量敏感元件,同时实现倾角和方位角测量,具有结构简单、耐震、精度高、测程大、功能多、测量结果直观、操作维修简单等特点,其由仪器和探管两部分组成。主要技术指标为:测量范围与精度为倾角 $0°\sim 90°/\leqslant \pm 1°$,方位 $0°\sim 360°/\leqslant \pm 2°$;环境温度为 $-10\sim 100℃$;耐压性能上选适用于地质、工程钻孔的探管 $\Phi 40mm\times 3mm\times 1200mm$,压强不高于 30MPa;定时器为 24 挡,最短 5min,最长 120min,时差不大于 ±2min。

施工近水平定向孔时,为了精确测量钻孔参数,输送测斜仪可以采用钻杆顶推式输送法。钻杆顶推式输送测斜仪是一种比较简单易行的方法,其操作步骤也比较简单:①先把测斜仪装入测具内,使用接头连接钻杆和测具(如果钻杆内径足够大,也可以将测具装入钻杆);②然后使用钻机顶推钻杆,把测斜仪输送到测点位置;③测量钻孔测点倾角和方位角后,提取钻杆和测具,取出测斜仪,读取读数。用钻杆顶推式输送法输送测斜仪的时候,下钻时速度要平稳,以免测具顶到孔壁上损坏仪器;提钻时要尽量避免震动,以免仪器受震而影响测具精度。该方法在钻孔较浅时可以使用,在钻孔较深时不仅费时费力,而且在起、下钻过程中仪器容易受震受压,影响测量效果。

### 4.2.2 经纬仪灯光测斜

**1. 水平冻结孔测斜原理**

水平冻结孔偏斜是指冻结孔成孔轨迹偏离设计轨迹的情况,用偏距和偏角来表示,垂直偏角可以用经纬仪直接读出数据,而水平偏角测量计算见图 4-2。AC 为水平冻结孔长度,A 为冻结管开孔位置,$A'$ 为同一圆环管片对侧相同的位置,根据相似三角形理,利用经纬仪正镜和倒镜(反向倒转 180°)可将 C 水平偏距相似投影至管片上,即 $A'B'$,则 $\alpha=\arcsin(A'B/AB)$,其中 $A'B$ 和 $AB$ 距离值均可在隧道内直接测量。因此,冻结孔 AC 的终孔水平偏距可示为 $AC\cdot \sin\alpha$。当某水平冻结孔施工结束后即对该孔进行经纬仪灯光测斜。测斜时,先用测斜杆将灯光(一般可用手电筒)送至冻结孔孔底;然后将经纬仪放置在专用架或平台上调平并找灯光,用正镜和倒镜按照图 4-2 所示的方法进行冻结孔偏距与偏角的测量和计算。

## 4 海底联络通道冻结信息化施工技术

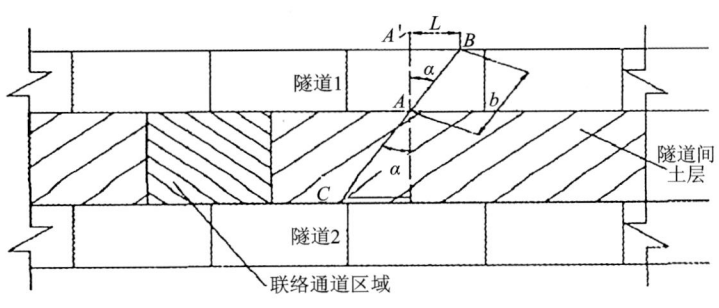

图 4-2 水平孔测斜示意图

**2. 测斜平台设计**

经纬仪测斜平台设计包括与冻结管锁紧的卡环装置、放置经纬仪的平台以及可以前后、上下调节的机械部件等设计,经纬仪测斜平台见图 4-3。卡环由钢板卷折或管材制作,可根据冻结孔的管径不同进行调节,测斜平台支架由"杆1"及"杆2"组成。在拐点处用螺栓连接,可前后调节;经纬仪平台可沿"杆2"上下调节;通过上述两个方向的调节,可使"杆2"始终保持竖直状态,测斜平台保持水平,以适应冻结孔倾角的变化。

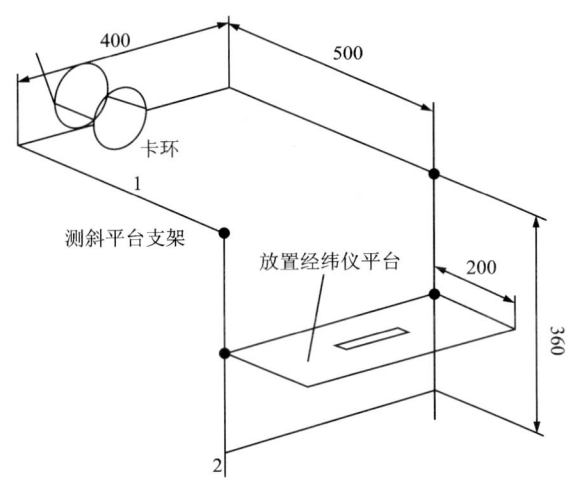

图 4-3 经纬仪测斜平台图

调节完成后拧紧螺栓,整个测斜平台系统可稳定,经纬仪放置在经纬仪平台上,用螺栓将平台与经纬仪固定。

**3. 水平冻结孔的测斜**

水平冻结法施工联络通道的冻结孔竖直角度介于 24°~56°之间,测斜平台支架用 $L50mm \times 50mm \times 5mm$ 角钢,"杆1"长度为 500mm,"杆2"长度为 360mm;测斜平台用 $400mm \times 200mm \times 4mm$ 钢板。具体测试如图 4-4 所示,经纬仪均在可调范围之内满足水平冻结孔测斜条件。

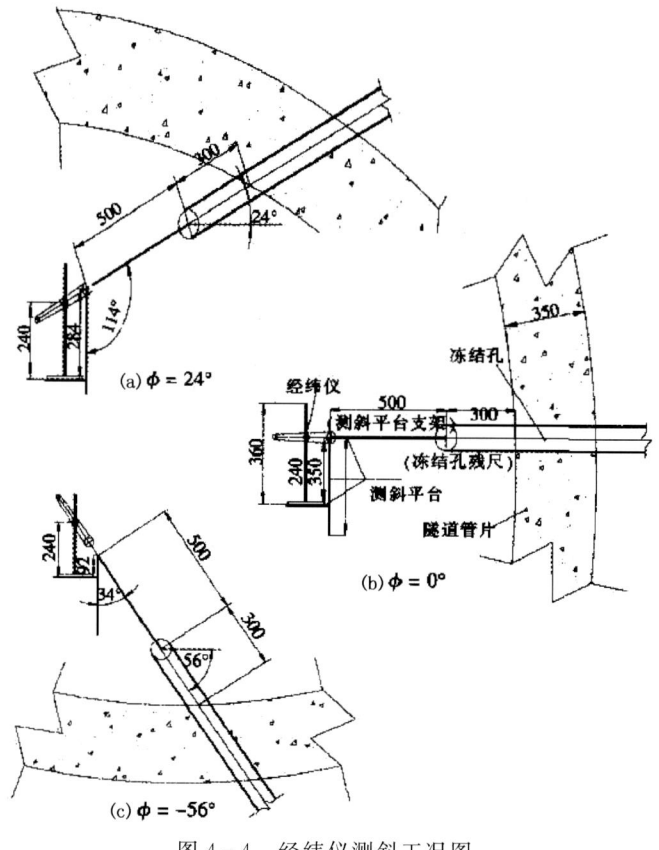

图 4-4 经纬仪测斜工况图

### 4.2.3 罗盘测斜

当冻结孔钻进长度较小时,可以使用罗盘快速简易测斜,即在钻进施工过程中随时使用罗盘测斜钻杆的钻进角度,根据测试数据调整钻进参数,也可以保证冻结孔钻进精度。

另外,还可以采用有线的随钻测斜仪,更精确地控制冻结孔钻进过程中的偏斜,提高钻进精度。但是该方法价格较昂贵,施工较复杂。

### 4.2.4 冻结孔施工偏斜监测要求

施工中,全部冻结孔施工完成后都需要进行偏斜测试。当测试数据不满足设计要求时,需要按照设计进行补孔施工。

另外,在冻结孔施工完成后,相应地需要监测钻孔长度、铺设冻结管长度、冻结器密封性能、供液管铺设长度等内容。

### 4.2.5 冻结孔施工防偏措施

为使冻结孔打直,应采用以下防偏措施。

(1)准确定出开孔孔位,并在隧道两帮布点,以便于施工中校验、控制冻结孔方向。

(2) 在施工联络通道时，应先施工穿透两隧道的透孔，验证隧道预留洞门的相对位置，两侧隧道通道中心线偏差大于 200mm 时应修正冻结孔设计方位。

(3) 在施工第一个冻结孔时，应分析主要地层钻进过程的参数变化情况，并检查地质、水文情况，发现异常应及时采取针对性措施。

(4) 确保冻结管加工质量，应先配管确认冻结管连接顺直后再钻进。

(5) 应采用牢固、稳定性好的施工平台。

(6) 孔口段冻结管方位是影响整根冻结管偏斜的关键。在施工第一节冻结管时，应反复校验冻结管的方位，确保偏差在允许的范围之内。

(7) 在对接冻结管时应保证同心度和冻结管连接后顺直。

## 4.3 冻结体温度场监测

### 4.3.1 测温孔的布置原则

为了确定冻结壁的厚度和开挖时间，在冻结壁内必须打一定数量的测温孔，分别布置于两线隧道内，根据温度测量结果分析判断并计算冻结壁峰面即零度等温线的位置。

测温孔的布置应遵循以下条件。

(1) 测点的布置应满足判断冻结壁形成的要求。

(2) 在冻结壁最弱的地方应有测点。

(3) 测点布置应能满足冻结及开挖施工的其他要求。

(4) 应能测冻结壁最薄弱地方的冻土发展速度。

(5) 应能检测到所冻结地层中所有土质的冻土发展速度。

(6) 应能测量到冻结壁设计的最大值处冻土温度，可以满足冻结计算的要求。

(7) 考虑到平均温度的计算要求，应在距离冻结管不同间距处设置测温点。

测温孔一般布置在冻结壁外缘界面上，根据冻结孔偏斜情况，也可打在偏斜最大的两孔之间，或打在难以冻结的需要控制观察的主要含水层中。测温孔数量按需要而定，且允许偏斜率与冻结孔相同。

根据测温孔的深度，在每一孔内布置一定数量的温度测试传感器。由于工程测温对工程具有极为重要作用，测温传感元件采用稳定性好、精度高、不易损坏的半导体测温元件。同时为促进技术进步，在满足工程施工需要的前提下，应尽量采用先进的技术成果，使用测温传感器精度应达到 $\pm 0.5℃$。测温管内的测温元件设置后，对管口应进行保护，防止测温元件及电缆被损坏。

### 4.3.2 一线总线制测温系统

一线总线制测温系统采用"一线总线数字化通讯"方式，计算机通过 RS-485/232 或网络线与 RTU（远程控制终端）通讯适配器相连，直接读取总线上传感器数据和各种模拟量并进行处理。

温度传感器将检测到的温度值通过专用器件变成带有唯一编码的数字信号并通过一条单一总线传送到 RTU,经 RTU 转换后,变成标准 RS-485 通讯协议传送到中央管理站,在中央管理站处由一块 RS485/232 转换接口卡将信号转换为加强 232 接口标准信号后送计算机软件处理。系统连接如图 4-5 所示。

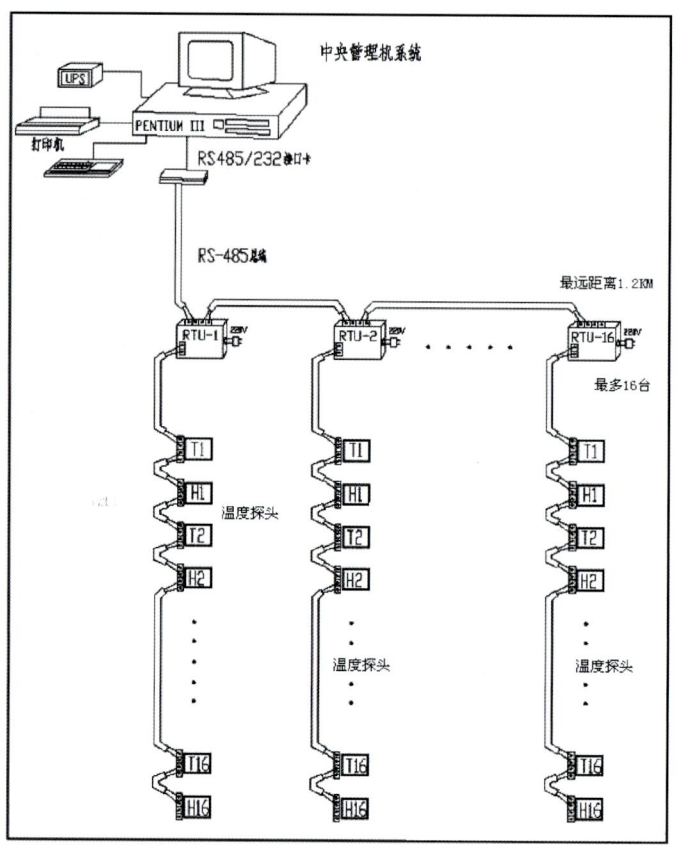

图 4-5 系统示意图

**1. 温度传感器**

测试系统中的温度传感器见图 4-6,输出形式为数字编码输出。

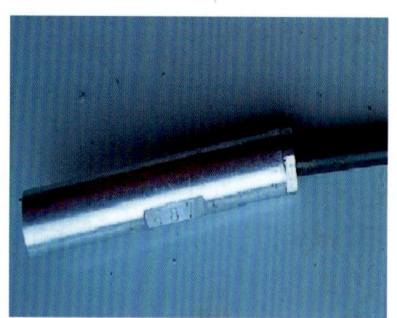 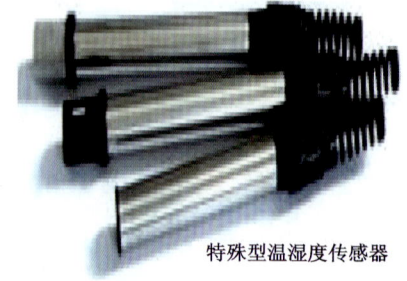

图 4-6 温度传感器图

冻胀压力测量管结构原理如图4-15～图4-17所示,侧面内部放置密封仓(材质同样为钢),密封仓内放置压力传感器,信号电缆从侧面引出,整个测量管与测孔内下放的钢管焊接一体,下放到需要的深度。

测量管结构分5个部分:$L_1$、$L_2$、$L_3$、$L_4$和$L_5$(图4-15)。$L_1$和$L_5$部分为接头,使用坡口机打出坡口与套管对接焊,坡口角度$\varphi$一般为15°～30°;$L_2$和$L_4$为中间部分,其高度视实际工程需要而定(一般为1～1.5m);$L_3$为中间部分,放置压力传感器,压力传感器一般为圆形,直径为50～110mm,厚度为40～65mm,放置于密封仓内,密封仓为钢板焊接,直径和厚度比压力传感器均大10mm左右($h_1 = h_2 = 10$mm),侧面开槽用于引出信号电缆,在密封仓和压力传感器的环行空间内充满黄油,起到均匀传递压力的作用(图4-16、图4-17)。整个测量管和护孔套管焊接为一个整体,一个测孔内可以根据需要在不同的层位布置多个测量管。

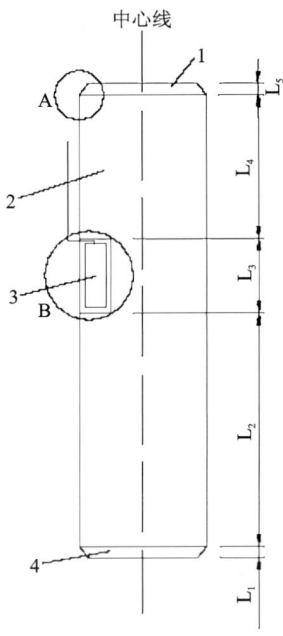

图4-15　冻胀压力测量管结构图
1.测量管上接头;2.测量管;3.压力传感器装置;4.测量管下接头;$L_1$.下接头长度;$L_2$.测量管下部长度;$L_3$.传感器装置长度;$L_4$.测量管上部长度;$L_5$.上接头长度

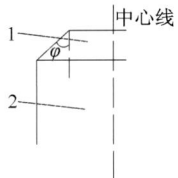

图4-16　A点放大图
1.测量管上接头;2.测量管上部;$\varphi$.测量管上接头坡口角度

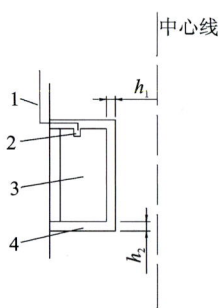

图 4-17 B 点放大图

1.信号电缆;2.信号电缆出线槽;3.压力传感装置;4.放置压力传感器装置密封仓;$h_1$.环形空间底部高度;$h_2$.环形空间侧面宽度

### 4.5.2 冻胀压力监测要求

冻胀压力监测在联络通道两侧的隧道内布置测点,一般两侧各布置两个测点为宜。当冻胀压力出现异常时,可以通过其他的测试数据分析隧道的变形和受力情况。

## 4.6 卸压孔压力监测

为了减少冻结过程中土体冻胀对地表以及隧道的影响,隧道上、下行线联络通道开挖断面内布置卸压孔。通过卸压孔压力的测试,以及对卸压孔内水流的观察,可以判断冻土的冻结情况。卸压孔安装普通的压力表(图 4-18)。一般说来,在冻结初期,卸压孔的压力是原始地层压力,随着冻土的逐渐扩展,水分不断迁移,交圈后冻土形成一个封闭的土体,冻胀压力得不到释放而逐渐增加,它的外在表现即为卸压孔压力的剧增,而且打开卸压阀卸压再关闭后能逐渐回到原数值,卸压孔的数值交圈前后差别为 0.15~0.3MPa。

图 4-18 卸压孔布置图

在冻结站运转前,必须了解地层情况,做好卸压孔的压力测量工作,且应与原始资料吻合,发现异常必须查明原因进行处理。在冻结壁形成后,卸压孔的压力至少应大于地压 0.1MPa。

在冻结初期,卸压孔压力会逐渐增大,随着冻结的进行,冻土不断地扩展,卸压孔的压力越来越大,直到冻结壁交圈,此时卸压孔的压力不再增大,而打开卸压孔,则会有泥冒出。因此,可根据卸压孔压力的监测数据来分析冻结效果和冻结帷幕的交圈情况。

卸压观测孔是联络通道冻结的独有测试方法,具有重要作用,一定要做好卸压观测孔施工。而且由于冻结施工的不可逆性,必须在开冻前做好卸压观测孔的测量工作,做好原始记录以备冻结后检查对照。冻结站运转前期,应每隔 24~48h 观测一次;在压力开始上涨后,宜每隔6～24h测量一次。所有观测应有原始记录,并有观测者签字。

## 4.7 海底联络通道及泵站结构的健康监测技术研究

由于海底联络通道及泵站恶劣的自然工作环境、建筑材料受环境及时间影响产生的变异以及其他一些不良的人为因素及偶然因素的影响,致使海底联络通道及泵站结构的某部分在没有达到设计使用寿命时就会产生损伤和功能退化。如果这些积累的损伤及退化不能及时发现并维修,就会缩短海底联络通道及泵站的使用寿命并影响使用安全,甚至会引起海底联络通道及泵站的瞬时坍塌。故而,有必要对海底联络通道及泵站的健康状况进行监测及评估。

可以将能够感应到海底联络通道及泵站各个结构位移、应变、应力、温度等参数的传感器埋设于海底联络通道及泵站的内部;然后通过一定的数据传输技术将传感器采集到的数据传输到数据处理及分析系统;分析系统能够对得到的数据进行转化、分析及处理,得到海底联络通道及泵站的损伤情况和健康状况,并可以自动判定海底联络通道及泵站受损的结构及受损情况并做出预警,从而做到对海底联络通道及泵站的实时监测,保证海底联络通道及泵站运营安全。此外,对海底联络通道及泵站进行健康监测还可以根据从海底联络通道及泵站上监测到的信息反过来修正以往的规范及设计理论,具有更深远的工程意义。

针对海底联络通道及泵站永久结构的健康监测技术的研究目的,要求研究建立永久健康监测体系,能够在使用过程中长时间地自动监测,可以及时地发现结构出现的问题和风险点。

### 4.7.1 海底联络通道及泵站结构破坏的机理研究

研究海底联络通道及泵站的破坏机理以及与隧道结构之间的连接方式,从而分析联络通道及泵站破坏后的影响。海底含盐地层冻结施工缺乏可借鉴工程经验,在高地下水压中的地层中进行冻结施工时,冷冻帷幕厚度和平均温度的形成效果直接关系到工程成败及施工人员的人身安全。在积极冻结至开挖过程中,可能导致的破坏有冻结帷幕的发育不好,在开挖阶段导致冻土帷幕失稳破坏;或者冻胀过大,对已有管片的挤压导致管片破坏变形。前者冻土帷幕的失稳破坏主要是考虑到直墙拱形的冻土帷幕支护结构受到外荷载的结构破坏,主要控制参数是冻土的帷幕厚度,因此需要对冻土的发育情况进行实时监测;后者主要是在积极冻结期和维护冻结期间,冻结帷幕形成过程中冻胀力对隧道管片的作用,以及对开挖过程中初衬和二次衬砌结构的作用,产生了不利的影响。主要是考虑到海底含盐冻土的冻胀特性,需要对土性参数进行试验研究,在施工过程中需要对管片受到的冻胀力实时监测。

在联络通道结构完成后,冻土体的融沉或者由于其他外荷载的作用,导致隧道的相对位移和不均匀沉降。冻结帷幕与管片、联络通道与隧道之间均为刚性接头,在冻结区域内由于融沉导致隧道发生的结构变形沉降都可能导致联络通道与隧道接头发生破坏。

### 4.7.2 健康监测指标的确定

使用水平冻结法进行联络通道开挖,结构内力变化随着冻土的形成过程和后期解冻过程而改变,这里主要分3个阶段:第一阶段冻胀期,这一阶段在开挖过程中初衬和二次衬砌结构受到冻土帷幕冻胀力的影响;第二阶段融沉期,这一阶段为开挖结束后长达几个月甚至一年之久的冻土融沉过程,冻土体结构内力相应变化;第三阶段为永久使用期,这一阶段主要是受到外荷载对结构产生的影响。下面分别对这3个阶段进行联络通道及泵站监测的指标分析。

**1. 第一阶段冻胀期**

此阶段的施工风险主要是冻土帷幕的发展,以及冻胀对已有隧道管片的作用。为了掌握联络通道冻结效果,确保冻结开挖及结构施工安全,必须对全程进行监测。联络通道冻结施工需要实时掌握冻土冻结效果、联络通道支护结构内力变化、冻胀融沉对既有隧道结构的影响等安全状态,因此选取的健康监测指标有冻土帷幕、联络通道初支和隧道管片的温度与应变的实时监测。

**2. 第二阶段融沉期**

考虑到冻结帷幕与管片、联络通道与隧道之间均为刚性接头,在结构开挖完成以后,除联络通道结构主要在自身受到地层压力、弹性抗力等外荷载以外,两侧连接隧道的相对位移和不均匀沉降也会造成联络通道结构的损坏。因此,除继续对冻结期间的结构内力和冻胀对结构的影响监测以外,隧道结构联络通道位置的局部垂直位移、水平位移和隧道断面收敛变形要作为健康监测的指标实时监测。

**3. 第三阶段永久使用期**

到了冻土完全融沉阶段,此时联络通道的健康监测指标与融沉阶段相同,主要考虑隧道的不均匀沉降和相对位移,导致与联络通道的刚性接头发生破坏。

### 4.7.3 不同监测指标的监测方法

研究不同监测指标的监测方法,提出基本的传感器的需求,并对仪器的埋设等提出要求。为了掌握联络通道冻结效果,确保冻结开挖及结构施工安全,必须对全程施工进行监测。目前联络通道施工中传统监测手段主要采用热电偶传感器结合精密水银温度计测温,同时利用土压力盒测力,由于以人工测量方式为主,不能满足在江底高承压水下冻结及开挖施工安全监控实时性的要求,同时对于深部冻土温度及应力监测困难,用于分析判断冻土效果的监测信息获取不足,且无法进行空间同一点的温度-应力多场耦合监测。

鉴于传统方法存在的上述问题,为了实现环境与结构的多物理量连续实时感知,提高联络通道施工安全信息的采集和传输能力,本研究将光纤光栅传感技术引入隧道联络通道冻结施工中,利用光纤光栅传感器具有耦合监测、高精度、自动连续、抗电磁干扰、可远距离传输等诸多优点,分别进行水平冻土、联络通道初支和既有隧道管片的温度-应变耦合监测,构建基于光纤光栅的联络通道施工多场耦合实时感知系统。由于施工中现场环境恶劣,可能出现电压不稳、不定时断电、漏水、尘土等意外因素,为了确保在整个施工周期内自动连续采集数据,实时感知系统由独立供电系统、数据存储分析系统、数据实时采集系统三大部分组成,并增设了防尘防水保护系统。

**1. 传感器的选型**

选取美国基康公司生产的 BGK-FBG-4000 型光纤光栅温补应变计,该传感器基于光纤光栅原理,通过传感器两端的固定块的相对运动进行结构件表面温度-应变耦合测量,温度测量范围为 $-50\sim150℃$,温度测量精度为 $0.1℃$,应变测量范围为 $±2000\mu m/m$,应变测量精度为 $1\mu m/m$。

为了掌握冻土冻胀、融沉对既有隧道管片结构的影响,需要实时监测冻土胶圈附近的管片安全状态。由于隧道内仰拱处铺设有临时轨道,只有隧道中上部的管片具备布设传感器的条件,考虑到既有隧道管片在联络通道开挖两侧呈对称分布,故以联络通道中心线为对称轴,在左线隧道沿联络通道左侧 3 环管片表面利用膨胀螺栓固定表面式光纤光栅传感器,用于实时感知管片结构表面的应力变化。同时,每块管片选取弯矩最大位置,即中部吊装孔或注浆孔位置附近钻孔安装 150mm@8mm 的固定杆用于固定传感器。

**2. 第二阶段融沉期健康监测方法**

在开挖结束后,维护冻结停止,联络通道的结构完成并承受着外荷载。这个过程中冻土体随着时间的推移开始发生融沉,如果不及时注浆,可能会导致冻结范围内的土体沉降。由于完成的联络通道结构与隧道是刚性连接的,所以此时的隧道不均匀沉降可能会对联络通道结构产生危害。因此,需要积极监测隧道结构变形,此时健康监测的指标主要包括垂直位移监测、水平位移监测和隧道断面收敛变形监测等。不同的监测内容,相应的监测方法也不一样。

垂直位移监测主要的监测方法有几何水准测量法和以静力水准系统、电水平尺为代表的传感器方法。几何水准测量法根据相应的监测等级,构成附合、闭合路线或结点网,使用水准仪观测。该方法能达到较高的精度,但是对于运营中的隧道只能在地铁空窗时间进行人工观测,不能实现实时的自动化监测。静力水准系统主要由主体容器、连通管和传感器三部分组成。两个连通器 1 与 2 分别安装在待测平面 A、B 上(实际测量时有多个待测点)。当连接两容器中的介质是均匀液体时,液体的自由表面处于同一水平面上,两个容器内的液体高度之差即为两个水平面的高差。根据传感器原理不同,分为电容式、光电式和电感式的静力水准系统。将静力水准系统的测量基点布设在监测区域外的稳定位置,在能反映监测区域变形情况的关键部位布设测点。当仪器主体安装所在平面发生高程变化时,传感器能测量出每个测点容器内液体表面的相对变化,从而测量出各测点相对于测量基点的垂直位移。

对于隧道断面结构的水平位移监测,主要的监测方法有坐标法(极坐标法、交会法等)或基准线法、投点法等。水平位移监测控制网可采用导线网、三角网、边角网、基准线等形式或方法,基准点应埋设在变形区域之外。但是对于荷载变化较大、隧道结构变形速度较大的情况,在地铁运营期间仍需要对地铁隧道的变形进行实时监测。为满足不影响地铁线路正常运营下的实时监测需求,全站仪自动监测系统是目前地铁隧道断面结构变形自动化监测的常用手段。由于地铁隧道环境的特殊性,水平位移监测的监测点和基准点都只能布设在地铁隧道的狭长空间中。对于基准点埋设在变形区域外稳定位置的情况,目前通常采用的观测方法是将测量机器人架设在工作基点上,对各个基准点进行多测回边角观测。根据自由设站交会原理,利用边长、角度误差方程平差计算求得工作基点的测站坐标,然后用极坐标法测量各监测点坐标。测量机器人由程序控制定期进行自动观测,并实时将观测数据通过无线路由等通讯系统发回远程监控中心。对于较大区域范围的自动化变形监测,现有的方法是智能利用全站仪网络监测系统。它由多台测量机器人组成,每台全站仪的手柄上安装棱镜,通过仪器之间互瞄测量,以导线的方式确定测站坐标。为了准确得到测站坐标,必须已知仪器的中心位置与手柄上的棱镜中心之间准确的几何关系。

隧道断面收敛变形监测有巴塞特收敛系统、断面收敛仪等接触式测量方法以及全站仪观测计算收敛变形的非接触式测量方法。巴塞特收敛系统是由多个杆件单元组成的接触式隧道剖面收敛自动测量系统,通过杆件之间的几何关系变化计算隧道断面收敛值,该方法主要应用于施工期的隧道断面收敛变形监测。而以全站仪进行三维坐标观测计算收敛变形的测量方式由于其对施工干扰小、效率高等优势已经得到越来越普遍的应用。尤其是对运营隧道的结构变形监测时,利用全站仪获得的三维坐标可以计算并同时获得断面收敛值和水平位移值,因此它得到了广泛应用。

通过以上测量方案的布设,对联络通道局部区域的垂直位移、水平位移和隧道断面收敛变形 3 个健康监测指标进行实时监测。

### 3. 第三阶段永久使用期健康监测方法

联络通道施工完成的融沉阶段周期一般较长,有时能达一年之久,因此融沉阶段的监测手段要考虑长久使用特性。由于在永久使用阶段主要考虑的是地铁运营的动荷载以及由于突发地质情况如地震导致对永久结构的影响。因此,联络通道的健康监测指标与融沉阶段相同,主要考虑隧道的不均匀沉降和相对位移,导致与联络通道的刚性接头处发生破坏。

# 5 联络通道冻结施工对衬砌结构的影响分析

联络通道施工是整个地铁建设的关键工序和风险点之一,联络通道施工存在的风险及应对措施越来越引起人们的重视。针对特殊工程情况,如海底联络通道冻结工程,很可能因冻结过程中产生过大的冻胀力或位移而引发安全事故。此外,采用分期冻结施工可能将较大程度地改善此安全隐患。在今后的工况中,很可能出现类似的冻结应用实例。因此,在海底联络通道水平冻结工程中,对隧道衬砌结构受力变形规律的研究分析很有必要,其研究目的旨在对联络通道冻结工程的设计和施工进行指导,分析联络通道冻结过程中隧道衬砌的受力变形规律,试图寻找合理的冻结施工方案以降低施工风险。此外,可对未来的联络通道冻结工程建设提供理论和技术基础,为今后的类似工程提供有价值的参考,在保障安全施工的前提下尽可能缩短工期、节约能源,创造更好的经济社会效益。该方法具有一定的前瞻性、代表性和实际价值,对今后联络通道冻结施工方法在各类地铁隧道工程中的推广及应用具有重要意义。

长期以来,世界各国的科研人员在人工地层冻结技术领域开展了广泛研究,特别是在井筒冻结技术方面的研究已经相当成熟。近年来,随着人工冻结地层技术在城市地下工程中的广泛应用,已有学者开始研究地层冻胀对地表建筑物以及周边环境的影响。然而,关于越江隧道联络通道冻结法施工引起的土体冻胀以及施工过程对衬砌结构受力变形影响的研究相对较少。因此,结合实际工程开展联络通道冻结法施工引起的土体冻胀以及施工过程对衬砌结构受力变形的影响研究具有重大的现实意义,并期望能给将来的类似工程提供有价值的参考。

## 5.1 海底联络通道冻结过程的模拟实验研究

模拟试验是以相似理论为基础,用方程分析转换法或参数的因次分析法导出相似准则,在根据相似原理建立的模拟试验台上,通过试验求出各相似准则之间的函数关系,再将此关系推广到原型上去,从而得到原型参数间变化规律的一种解决生产和工程问题的科学的试验研究方法。

### 5.1.1 模化设计

**1. 几何缩比**

考虑到现有试验条件、本研究的试验规模和试验精度要求,再考虑到施工现场的实际情况、模型的加工制作以及保证有良好的试验效果,根据原型尺寸,现场冻结管直径 $\Phi108mm$,模型时冻结管直径 $\Phi12mm$,根据相似准则得到几何缩比 $C_{r_0}=C_l=C_d=9$,按此进行冻结系统设计;试验时冻结壁厚度要求达到200mm,相当于实际冻结壁厚度1.8m。

**2. 相似材料选择**

模型材料是以相似理论为基础的一种解决复杂工程问题的有效方法。相似材料是相似模拟试验的试验对象,如何选取相似材料和制作相似模型是相似模拟试验的关键。相似材料的选取一般包括相似材料原料的选择、相似材料配比的确定、相似材料密度的控制和相似材料的养护。试验原型工程为软弱土层,相似模拟试验选原型工程中相应淤泥质粉质黏土作为试验材料,则 $C_E=C_\rho=C_c=C_\lambda=1$。

**3. 温度缩比**

由于模型试验用的土与原型一样,模型各点与原型各点相应温度值相等。

**4. 时间缩比**

试验采用原状土,模型试验冻结1个单元时间相当于原型冻结81个单元时间。

### 5.1.2 实验系统

模拟实验系统包括模型试验箱、制冷系统、加载系统及监测系统等,如图5-1所示。

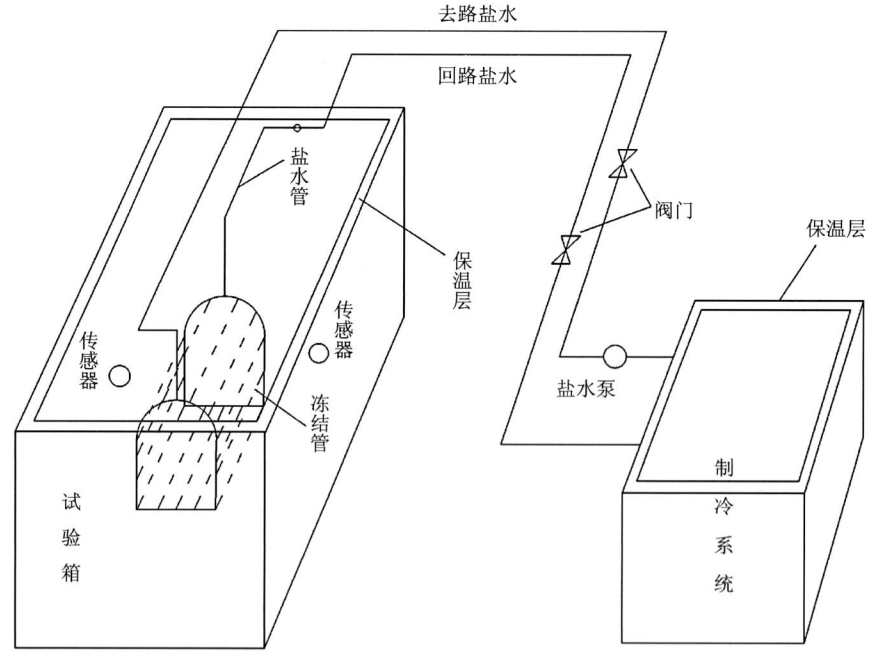

图5-1 试验系统示意图

### 5.1.4 实验结果分析

**1. 冻结壁主界面温度分布特征**

图 5-15 与图 5-16 是试验分布于主、界面热电偶实测的随冻结时间变化温度场分布曲线。

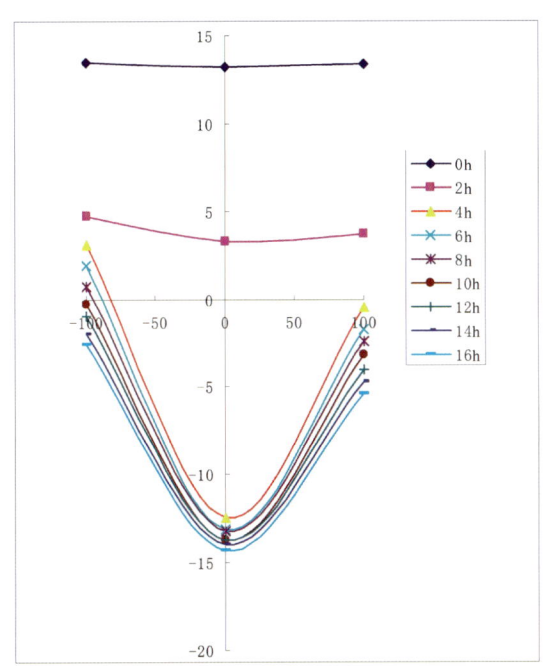

图 5-15 试验中主面热电偶实测温度场曲线

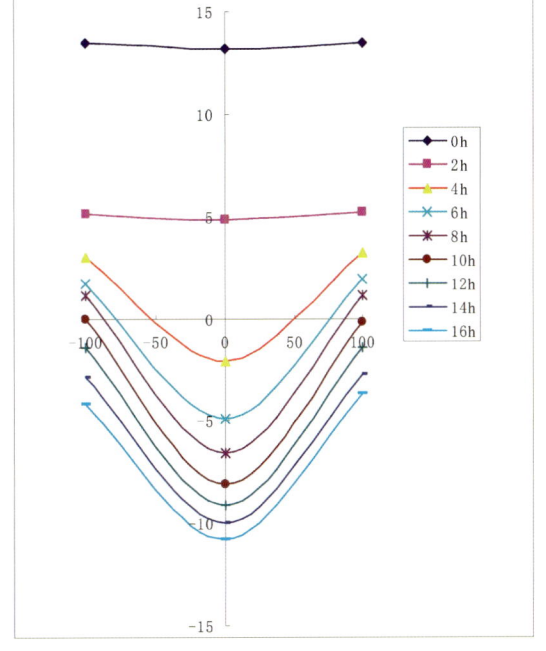

图 5-16 试验中界面热电偶实测温度场曲线

冻结壁的温度分布取决于多个因素，而其中的主要因素是冻结管的间距和冻结持续时间。在本次试验中冻结管的最大间距为 149mm，从两图中可以看出，当冻结时间达到 6h 时，冻结壁界面厚度为 156mm，超过了冻结管间距，主、界面曲线趋于直线型，在界面尤为明显；当冻结时间达到 10h 时，此时冻结壁界面厚度为 200mm，主、界面曲线表现为较明显的直线型。分析得出：随着冻结时间的延长，主、界面温度分布曲线向直线型变化，其原因主要是冻结初期冻结过程的不稳定造成的，但随着冻结的不断发展，自冻结锋面趋于平缓时开始，即当冻结壁的主面和界面厚度基本相等时，其不稳定性就大大减弱，趋于稳定导热，温度分布曲线趋于直线型。根据这种结论，在现场的温度计算中冻结壁的温度分布可以近似为直线分布。

**2. 轴界面交接处温度变化特征**

轴线上的截面交接处温度变化特征如图 5-17 和图 5-18 所示。

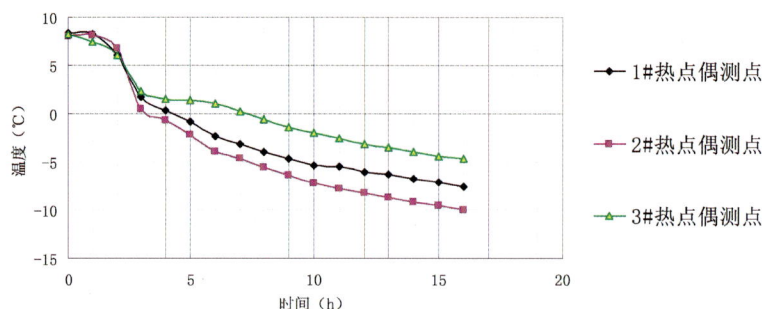

图 5-17　C 断面轴、界面交点处热电偶测点温度变化曲线

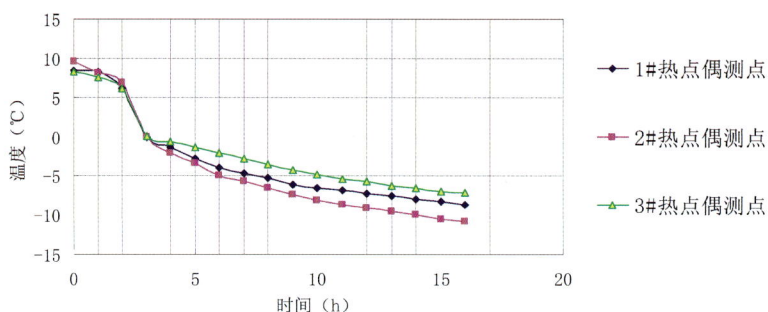

图 5-18　E 断面轴、界面交点处热电偶测点温度变化曲线

从图 5-17 和图 5-18 中可以看出，在冻结初期，温度下降速度比较快，但在冻结到 3~5h 时，此时冻结温度降低到 0℃附近，出现了一个缓慢的下降过程，这是由于在这段时间内，冻结圆柱开始交圈，如图 5-19 所示，冻土柱之间的水变成冰，并释放潜热，经过这一阶段之后，可以看到土体温度开始下降，界面开始向轴线两侧移动，初步形成冻结壁，但是由于主面的温度在冻结前期下降速度明显快于界面，此时的冻结壁在主面处比较厚，在界面处比较薄弱，随着冻结时间的增加，主面扩展比较大，温度下降速度明显降低，而界面处温度下降速度相对增加，并逐步达到主面速度。因此，在试验中冻结 10h 后，主界面处冻结壁厚度都达到 200mm，约 14h，界面的冻结壁厚度就达到主面的冻结壁厚度，随着冻结时间推移，形成直线型冻结壁，如图 5-20 所示。

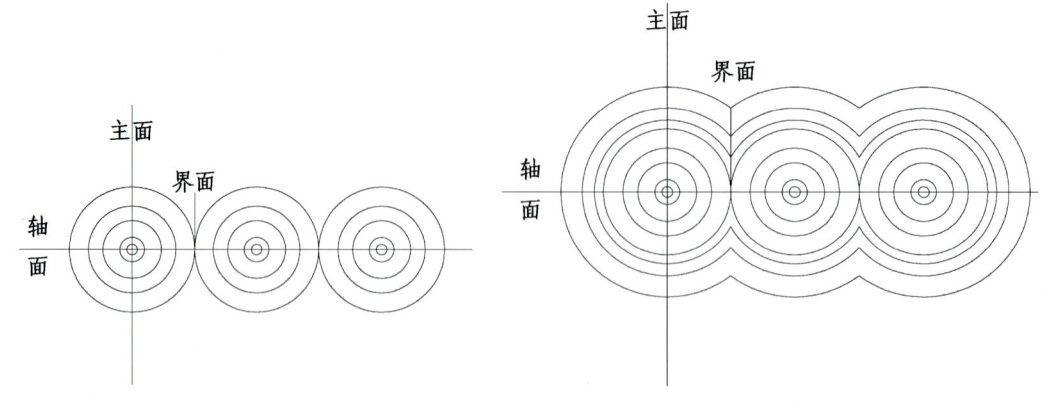

图 5-19　交圈时形成冻结壁示意图　　　　图 5-20　10h 后冻结壁示意图

**3. 冻结壁厚度与平均温度**

在冻土柱未交圈前,所谓的冻结壁是指由一个个相邻但不相交的冻土柱组成的冻土帷幕,此时的冻土帷幕在每两个冻结管间存在未冻区。严格意义上来说,虽然此时的冻土柱有一定的厚度,但是由于未冻区的存在导致冻土帷幕有缺陷,不能算是真正的冻结壁,因此认为此时冻结壁厚度为零。随着冻结时间的推移,冻土柱开始交圈,冻土柱连接在一起,未冻区消失,形成真正意义上的冻结壁。而此时的冻结壁在界面处的厚度要远小于主面处的厚度,所以这一阶段内冻结壁厚度是指界面处的冻结壁厚度。由于界面处冻结壁增长速度快,一段时间后,界面的冻结壁厚度要达到甚至超过主面的厚度,以达到冻结壁厚度的设计要求。图5-21和图5-22显示了主界面的冻结壁发展与时间的关系,冻结过程中轴截面冻结壁厚度的变化曲线如图5-23所示。

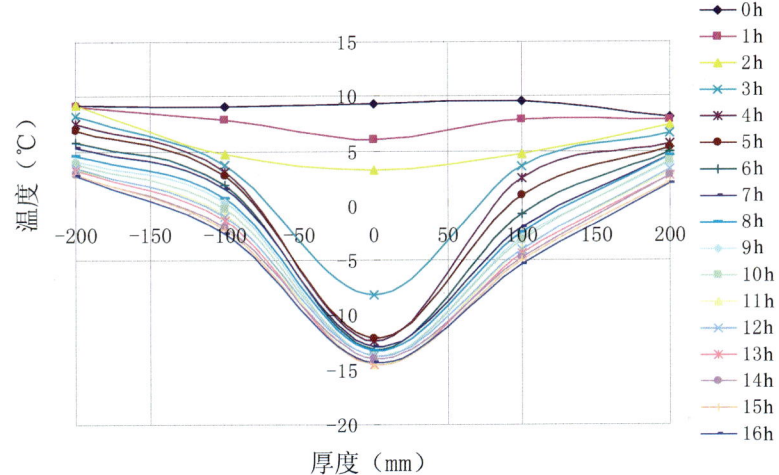

图5-21 主面冻结壁发展曲线图

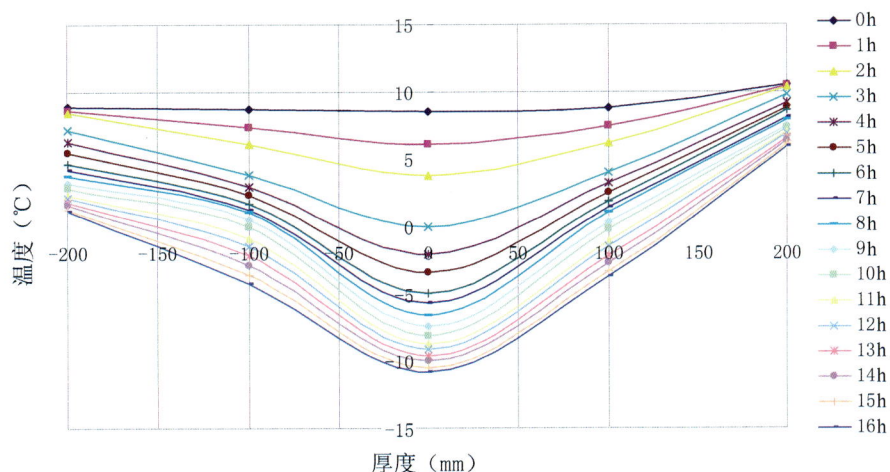

图5-22 界面冻结壁发展曲线图

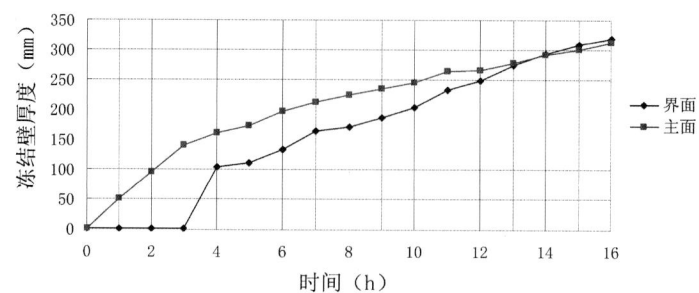

图 5-23 主界面冻结壁厚度随时间发展折线图

由于是不规则的冻结管布置,冻结壁的平均温度不能用成冰公式进行计算,利用作图法计算冻结壁的平均温度,绘制主面、界面变化曲线,如图 5-24、图 5-25 所示。

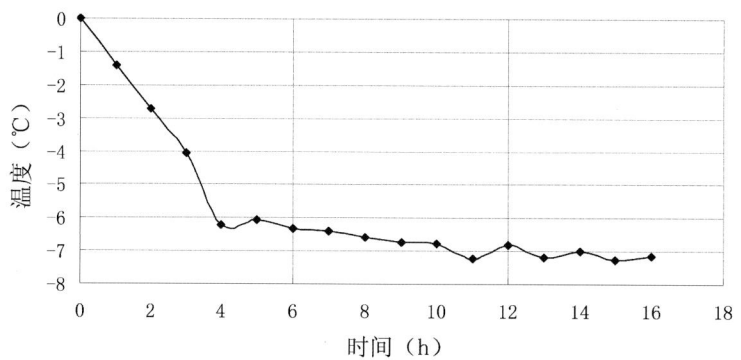

图 5-24 主面冻结壁平均温度变化曲线图

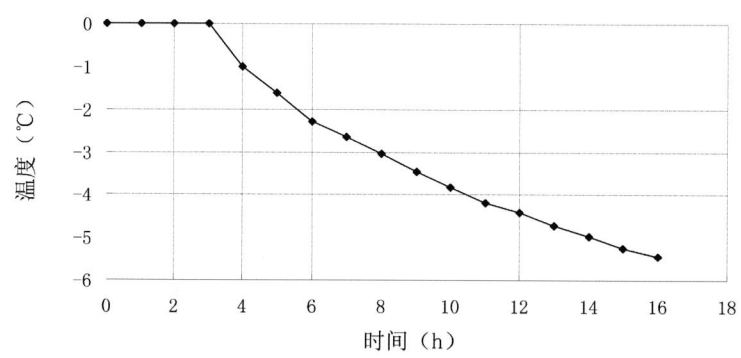

图 5-25 界面冻结壁平均温度变化曲线图

从图中可以看出,主面冻结壁的平均温度在冻结初期下降速度很快,当冻土柱开始交圈、界面形成冻结壁时,主面冻结壁平均温度下降速度变慢,一直呈平稳下降趋势,到冻结 16h 时平均温度为 -7.2℃;而界面冻结壁平均温度一开始处于较高状态,一直保持逐渐下降的趋势,但下降速度随着冻结壁的增加而减小,冻结 16h 时平均温度为 -5.6℃。

**4. 冻胀变形分析**

图 5-26 为冻结壁形成阶段冻胀变化曲线,从图中可以看出在 3~6h 之间冻胀量急剧增

在经验方法上,因此融沉系数的确定主要依靠经验分析和试验。

我国有关冻土工程的勘察设计规范中提出了融化系数的经验确定方法,然而在与实测值的对比中发现误差较大,更为严重的是工程实测数据分散性大,单一经验值很难精确反映实际情况。近年来有研究采用人工神经网络法提高经验方法的精度,获得了良好效果,但对某一特定的新建工程,由于缺乏实测样本,其适用性有待验证。

采用试验法确定冻土融沉系数也存在许多困难。首先,冻土试样的制备,由于取样的随机性以及取样过程中对样本的干扰,导致试验结果存在较大的随机误差,而冻土融沉性质对含水率、孔隙比等土体参数的敏感性比未冻土和正冻土更大,所以试验结果比其他土工试验的可靠性差。其次,土工试验中采用的排水路径和应力路径不同,测得结果差距很大,工程实际中难以确定冻土融化时的应力和排水状况,试验也难以完全模拟,因此试验法测定的融沉系数通常需要结合其他方法修正。

综合考虑冻土融化时的热融沉降和压缩沉降,在数值模拟中提取出重力作用下冻结区域内的平均应力,采用黏性土经验法取值,参考人工冻土物理力学参数试验结果,确定综合融沉系数 $a_s$ 中的典型参数为$-2\%$。针对融沉系数离散性大的特点,根据工程经验,确定试验中典型含水量和干重度条件下黏性土融沉系数测量值离散范围为$-0.1\sim-0.01$,将在单因素分析中考虑。

土是一种松散的三相体系,其弹性模量也不同于一般材料的弹性模量。实际冻土中,即使在较低温度下也仍然存在部分未冻水,其含量受温度和应力应变状态的影响,属于四相体系,因此力学性质更加复杂。而经过冻融循环,土体的物理力学性质将发生改变,有关冻融对土体强度影响的研究较多,但是研究结果的差异很大。如有的研究发现土层强度在冻融后降低,有的发现冻融后强度不变,也有研究认为冻融会使土层强度提高。此外,对冻融后土体黏聚力和内摩擦角的变化也没有统一结论。

土体冻结与融化导致其物理力学性质的变化规律不仅没有统一的结论,而且过程也不单纯是冻结膨胀和融化沉降。试验表明,未冻土冻结初期,体积会有所减小;而撤掉了冷源后,冻土会首先膨胀。因此,在数值模拟中全面模拟未冻土,冻土和融土的应力-应变关系难度很大。本研究重点在于联络通道的受力变形,而不针对土层的应力-应变分布。隧道和联络通道混凝土结构受地层荷载作用产生的应变可认为是弹性应变,大小由最终状态决定,而与路径无关。因此,在数值模拟中首先提取自重应力场以及自重、冻胀共同作用下冻结区域内的平均应力,以此选定围压范围,采用该围压下应力-应变曲线的割线模量作为弹性模量,经过多次试算就能取到良好的效果。上述方式确定未冻土和已融土的弹性模量,而冻土由冻土物理力学参数试验结果确定。采用此种方式将土体简化成弹性材料,在地层中应力分布和实际情况略有不同,但最终沉降变形差距不大,因此引起联络通道结构沉降变形的计算误差应在允许范围内。地层荷载采用全土柱理论,大小与上覆土层厚度及密度有关,与材料强度无关,所以数值模拟中联络通道的受力变形具有实际意义。

需要考虑的影响因素不仅有土性、围压、温度、含水量,还包括加载速率、塑性指数、冻融循环次数等,本书最终确定未冻土、冻土和融化后固结稳定土(已融土)的弹性模量见表5-2。

表 5-2 土层弹性模量

| 土层状态 | −35℃冻土 | −1℃冻土 | 未冻土 | 已融土 |
| --- | --- | --- | --- | --- |
| 弹性模量(MPa) | 500 | 300 | 100 | 80 |

未冻土的导温系数和冻土的导温系数差距明显,但冻结状态不发生改变时,温度变化对导热系数的影响不是很大,因此在数值模拟中仅考虑冻土和未冻土两种状态,具体数值取自冻土试验报告。

冻土与未冻土比热的差异来自未冻水与冰之间比热的差值。冻土中未冻水的含量与温度和应力-应变状态有关,但在本书中忽略未冻水的影响,近似认为温度低于−1℃冻土中未冻水含量为0。

对冻融循环后泊松比的变化研究较少。有限的研究资料表明:冻土的泊松比随温度降低略有提高,冻融循环后,已融土泊松比较未冻土略有提高,考虑冻土与未冻土两种状态。上述土层参数分为冻土和未冻土两种状态,在相变区间内,由ANSYS进行线性插值,典型参数见表5-3。

表 5-3 土层典型参数表

| 土层参数 | 导热系数[kJ/(m·d·℃)] | 比热容[J/(kg·℃)] | 泊松比 |
| --- | --- | --- | --- |
| 冻土 | 164.4 | 962.32 | 0.23 |
| 未冻土 | 129.7 | 1 297.04 | 0.25 |

### 5.2.2 数值计算方案

采用间接耦合方式,利用ANSYS有限元分析软件建立温度场、应力场两个分析环境进行顺序耦合,提取最后结果进行分析研究。

**1. 冻结温度场模拟**

建立工程模型,施加冻结温度场初始条件、边界条件,施加温度荷载,进行冻结温度场模拟计算,从而为冻胀提供温度场结果,为解冻提供初始温度条件。

**2. 解冻温度场模拟**

通过生死单元"杀死"联络通道中心土体单元,改变联络通道模型单元的材料属性,赋予其混凝土材料特性,添加解冻温度场初始、边界条件和温度荷载。解冻天数至冻结区域内最低温度升高至+3℃结束。

**3. 试算选取合适的接触刚度**

由于融沉导致土层体积收缩,不能确定在计算过程中接触面是否存在分离情况,因此接触算法采用罚函数法。在罚函数法中需要确定接触刚度,只有通过试算取值。首先选择较小数值保证收敛,然后增大数值减小接触穿透,使结果逼近真实值,在二者间寻求平衡,选取最优值。试算中接触刚度从 0.1 开始增加,直至连续两次试算结果的接触穿透差值小于 5%,最终确定取值为 8。此结果对同类型土的融沉接触问题具有参考意义,需结合现有设备的计算能力进行取舍。

**4. 计算初始应力场并消除初始位移**

本书的研究对象是联络通道的受力变形,因此将解冻开始前的结构和地层状态作为初始条件。

需要说明的是,虽然土层和混凝土结构采用弹性材料模拟,但是模型中存在接触单元,整体模型高度非线性,加载路径对接触界面影响显著,须按照实际情况和工序分别施加重力荷载、冻胀,"开挖""砌筑"联络通道结构。最后将应力场计算结果作为下一步融沉计算的初始应力场,并消除此时的结构和地层位移。

**5. 融沉应力场、位移场的模拟**

土体材料在降温冻结和升温融化过程中的材料热应变曲线不同,因此它须改变冻结区域土层材料性质,赋予其合适的融沉特性,并注意此时参考温度应为冻结温度。将各步解冻温度场计算结果依次施加到模型中进行热-应力耦合场计算。

### 5.2.3 温度场数值计算结果分析

**1. 冻结过程的温度场计算结果分析**

首先进行有限元模型冻结温度场计算,作为解冻温度场的初始温度条件。积极冻结期为 45d,温度场发展情况见图 5-36。

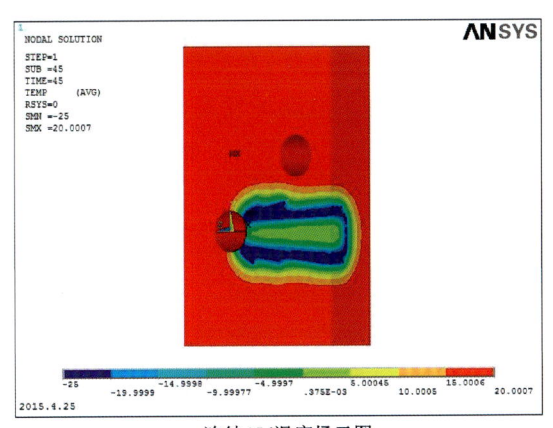 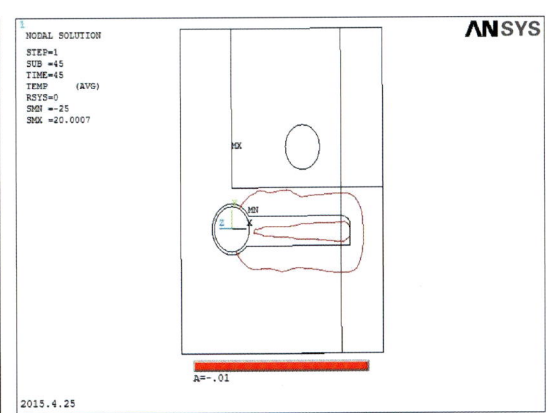

a. 冻结45d温度场云图　　　　　　b. 冻结45d冻结锋面图

图 5-36　温度场云图和零度线

由图 5-36 温度场云图和冻结锋面图可以看出,45d 时形成的冻结壁完整闭合。选取 6 条能够反映冻结壁发展状况的典型路径进行研究,如图 5-37 所示。

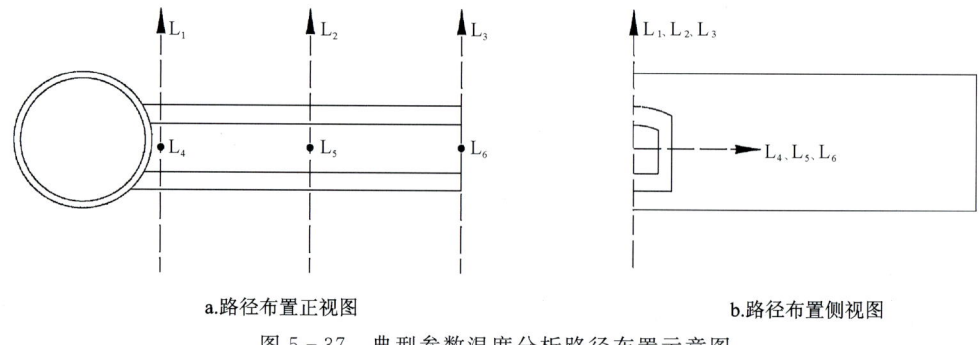

a.路径布置正视图　　　　　　　　b.路径布置侧视图

图 5-37　典型参数温度分析路径布置示意图

各路径温度场温度分布情况如图 5-38 所示。

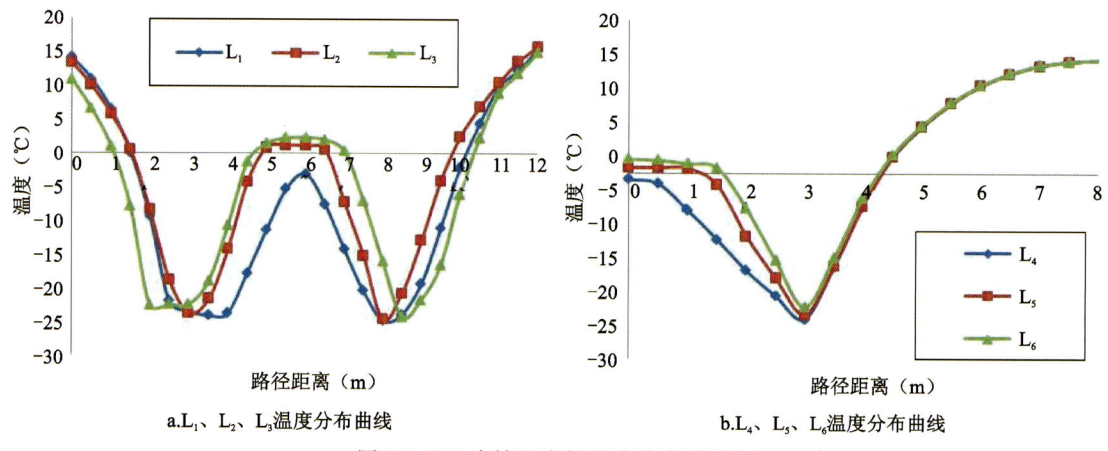

a.$L_1$、$L_2$、$L_3$温度分布曲线　　　　　　b.$L_4$、$L_5$、$L_6$温度分布曲线

图 5-38　冻结温度场温度分布曲线图

从图 5-38 中可以看出,冻结壁向内发展速度大于向外发展速度;在冻结管开孔处,冻结壁温度低于其他区域;冻结帷幕侧壁厚度小于顶部和底部厚度。温度场发展和冻结管布置形式相符合。冻结帷幕顶部平均厚度为 3.53m,底部平均厚度为 3.31m,侧壁平均厚度为 3.00m,满足设计要求。

**2. 解冻过程中温度场计算结果分析**

将冻结 45d 温度场作为解冻温度场计算的初始条件,通过生死单元模拟联络通道的开挖与砌筑,施加解冻温度场边界条件和强制解冻温度荷载,进行解冻温度场的计算。终止条件为土层最低温度高于 3℃,由程序判定解冻天数。

计算结果解冻天数为 13d,解冻温度场发展情况见图 5-39。

**3. 应力计算结果**

不考虑联络通道端部负弯矩,最大压应力位于联络通道拱顶 U1 路径终点,即联络通道中心处拱顶位置,为 13MPa。距离 U1 路径终点 12m 处为应力 0 点。距离路径 12m 至隧道部分,应力为拉应力,且在连接处存在极大的集中应力。最大拉应力位于联络通道底板 U9 路径终点,为 2MPa。应力 0 点在距离路经终点 7m 位置。

由于联络通道结构为弹性材料,其应力变化和位移变化同步,所以联络通道沉降在解冻各阶段的表现对应力同样适用。对 U9 路径进行数据处理,消除地基反力的影响后,将 U1、U5、U9 共 3 条路径上应力发展程度和沉降进行对比,见图 5-52。

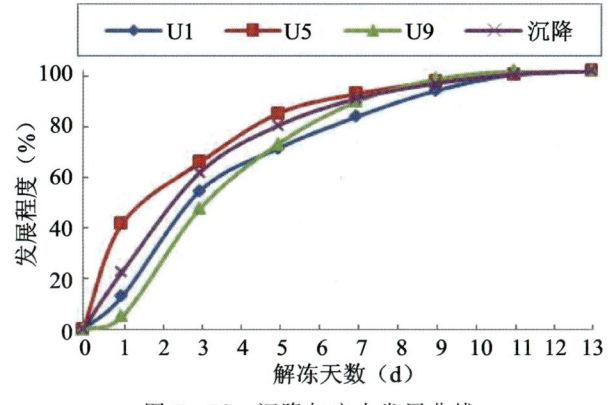

图 5-52 沉降与应力发展曲线

**4. 联络通道应变场结果分析**

联络通道为弹性材料,应变和应力相互对应,分布形式相似。在 $Z$ 方向和 $Y$ 方向上应变值低于 $X$ 方向一个数量级,因此仅对 $X$ 方向应变进行研究。由于进行模拟融沉时做了消除初始位移的计算,因而初始应变没有意义。解冻结束时,联络通道 $X$ 方向应变场云图见图 5-53。

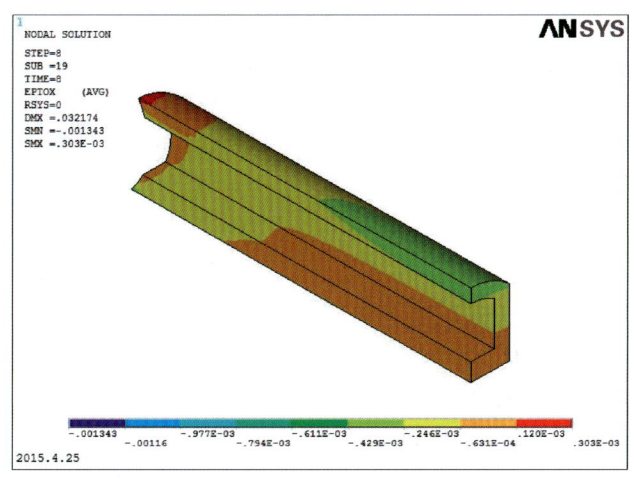

图 5-53 $X$ 方向应变场云图

### 5. 联络通道端部集中应力分析

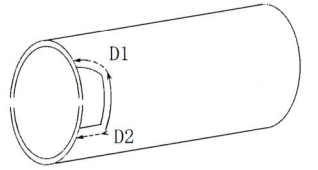

图 5-54 集中应力分析路径布置示意图

实际工程中联络通道最常见的破坏形式是隧道连接处拱顶的拉裂破坏,即 $X$ 方向出现了较大的集中应力,超过连接结构的抗拉强度。最大拉应力在连接面拱顶位置,最大压应力在底板外边缘墙角位置,因此分别在顶拱和底板的外边缘建立路径 D1、D2,如图 5-54 所示。

在图 5-54 中,路径 D1 起点在顶拱外边缘的拱脚位置,终点在顶拱外边缘的拱顶位置,路径长度为 1.85m。路径 D2 起点在侧墙墙角的外边缘位置,终点在底板外边缘中心位置,路径长度为 1.65m。解冻完成后各路径 $X$ 方向应力变化曲线如图 5-55 所示。

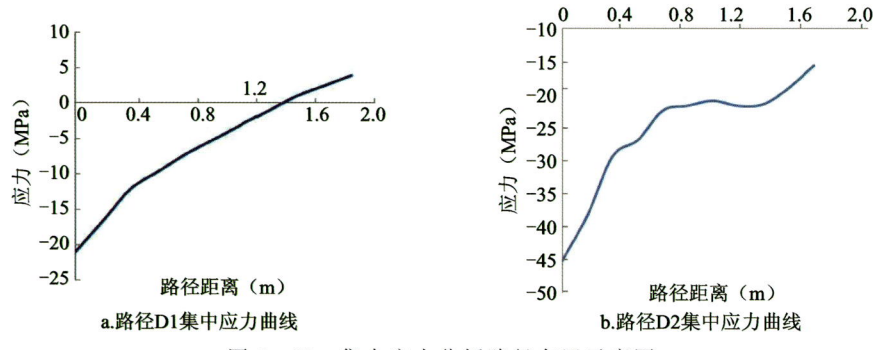

图 5-55 集中应力分析路径布置示意图

在图 5-55a 中,$X$ 方向集中应力在拱顶两侧 2m×0.47m 范围内为拉应力,最大拉应力在拱顶位置,应力变化曲线接近直线,在拱脚处存在较大的压应力。在图 5-55b 中,底板外边缘受压应力作用,最大压应力在侧墙墙角位置。压应力值沿路径 D2 方向急速减小,变化趋势接近三次多项式。总体上,底板压应力最大值约为 45.0MPa,远大于最大拉应力值 3.9MPa,二者均超过一般混凝土(C30)的抗压、抗拉设计值,须对拱顶和侧墙脚位置采取措施,防止出现结构破坏。

隧道与联络通道连接处集中应力大小和二者的相对转动有关。当隧道转角与联络通道转角比值大于 1 时,说明隧道转动比联络通道沉降的转动要大,在连接面拱顶处产生较大压应力;比值为 1 时,二者转角相同,变形协调,连接面应力接近于 0;比值小于 1 时,说明联络通道有相对隧道的转角,因此会有较大拉应力产生。

### 6. 接触面荷载分析

数值计算中联络通道结构的荷载通过接触单元传递,选择解冻后接触面压力云图,简单分析联络通道受力情况,具体见图 5-56。

在图 5-56 接触面压力云图中,在拱脚和侧墙脚出现了较大的应力集中,是由于接触面压力通过接触穿透与接触刚度计算取值,因此在几何不连续位置处存在较大的穿透或分离,引起应力集中。对云图压力值区间进行重新划分,并忽略集中应力的影响,观察地层压力对

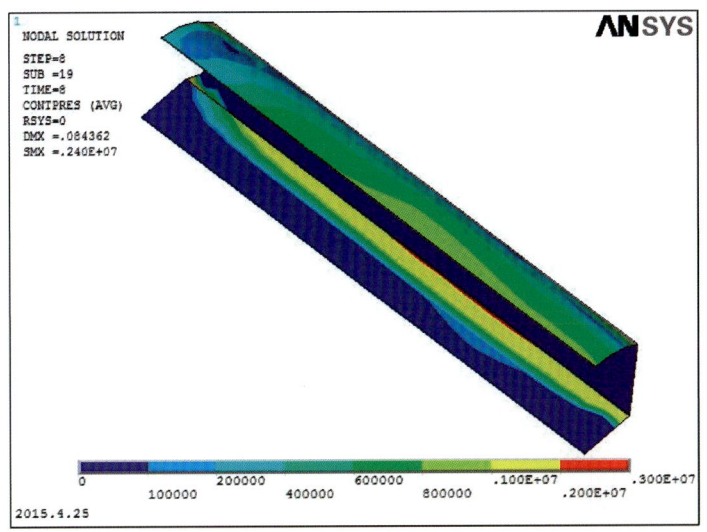

图 5-56  接触面压力云图

联络通道的作用。

地层荷载主要作用在联络通道顶拱中心区域,最大压力约为 0.8MPa,联络通道端部和顶拱拱脚处压力减小至 0.4MPa。地压力在联络通道侧墙上作用最小,小于 0.1MPa。在联络通道底板,地基反力主要作用在局部刚度最大的侧墙下方、底板边缘位置,压力最大达到 1MPa。底板中心位置处地基反力较小,约为 0.1MPa。

取联络通道拱顶中心区域平均接触压力,随解冻时间变化曲线见图 5-57。

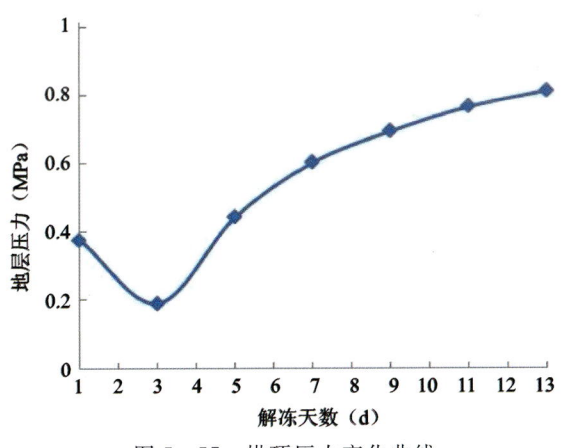

图 5-57  拱顶压力变化曲线

从图 5-57 可以看出在解冻 3d 时,地层压力首先减小。原因为冻结帷幕尚未完全失去承载能力,而联络通道结构产生沉降和弯曲,起到泄压作用,因此作用在联络通道上部的地层荷载减小。随着冻土加速,冻结壁不再具备承载能力,解冻 3~7d 时,联络通道承受的地层压力急速变为原压力的 4 倍,随后解冻时间里,缓慢增长至稳定状态。

## 5.3 融沉对衬砌结构影响的模型试验研究

### 5.3.1 模型实验的模化设计

根据实际工程中的经验,考虑冻结施工的影响范围,取原型高度50m、长度46.2m、宽20m的土层作为研究对象。针对研究目的和试验方案,综合考虑试验效率、试验条件、加工制作的可行性及试验效果,确定几何缩比为15∶1。

由于原型冻结管数量较多,布置密集,且原型中冻结管采用Φ108mm无缝钢管。完全按照几何缩比进行试验模拟难以实现,因此针对冻结管进行合理简化。试验中冷量相似是通过冻结管外壁温度控制,按照等冷量原则,保持冻结管外表面总面积不变,空间分布相似,则温度场在冻结管附近会有一定差异,但整体温度场近似相似。因此,减少冻结管数量,增大冻结管直径,采用Φ16mm无缝钢管来模拟冻结管。

模拟试验中,必须保证相似材料的物理性质参数满足相似准则的要求。考虑到配置相似材料的难度,本试验采用工程原型中的相应土层作为试验材料,联络通道模型采用工程原型钢筋混凝土相同的配合比预制而成。试验在满足温度场和湿度场相似的条件下,不进行应力场的完全模拟,对模型应力和位移的变化仅作定性研究。

### 5.3.2 模拟试验系统

模型试验系统由冻结与循环系统、强制解冻系统、数据采集系统和联络通道模型4个部分组成。试验台总体尺寸确定为2300mm×1400mm×1400mm,试验系统示意图和实物图如图5-58、图5-59所示。

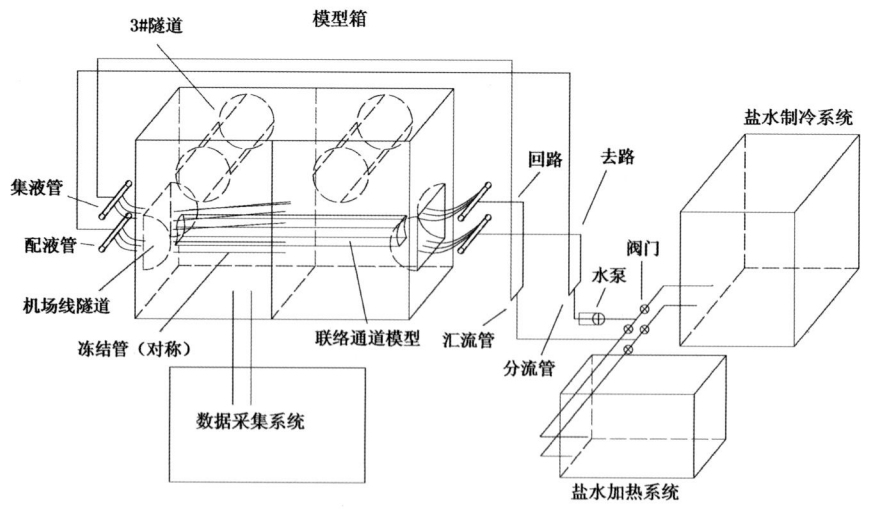

图5-58 模拟试验系统示意图

# 5 联络通道冻结施工对衬砌结构的影响分析

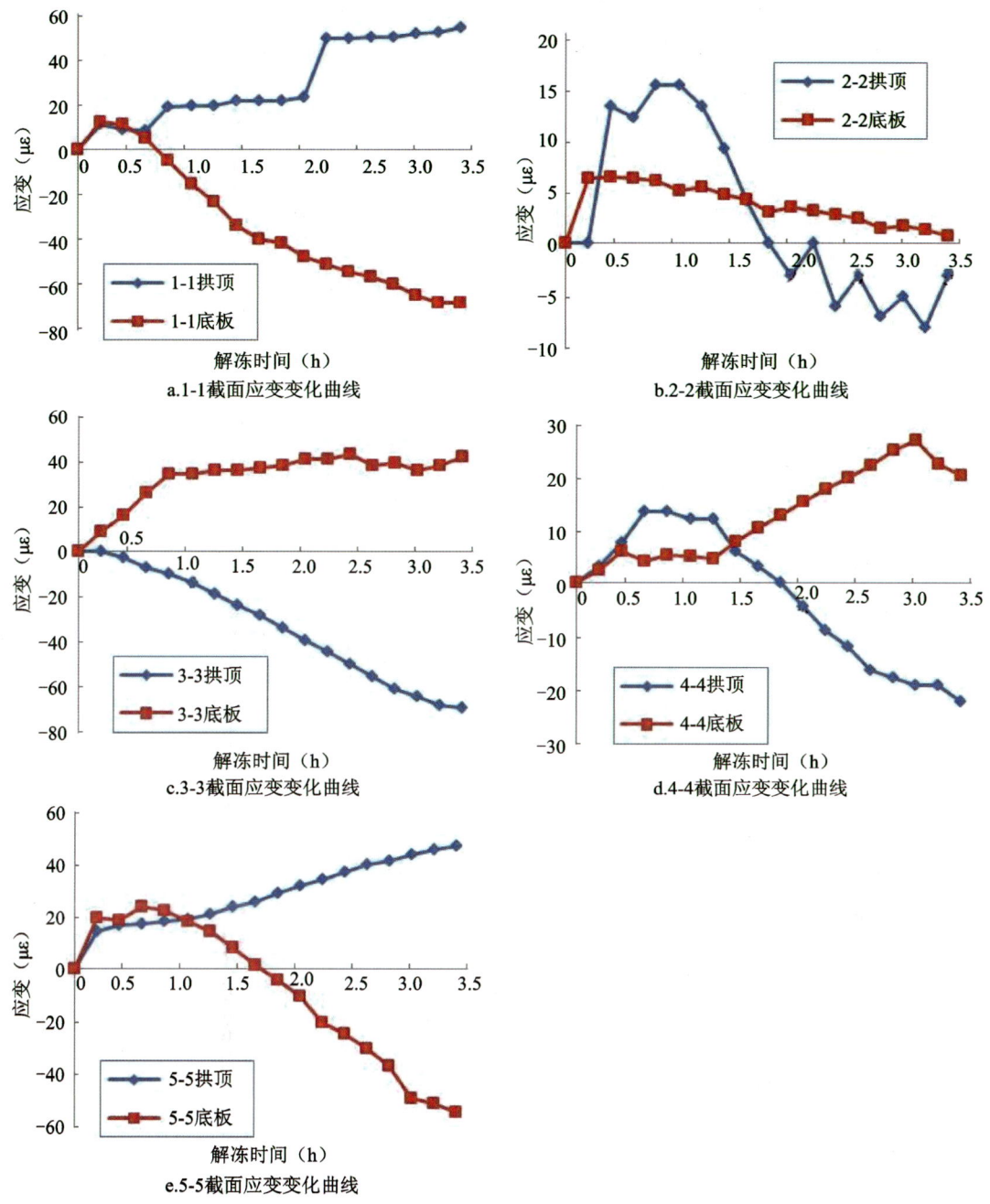

图 5-74 轴向应变曲线

由图 5-74 可以看出,联络通道模型两端受到负弯矩作用,拱顶为拉应变,底板为压应变。联络通道中心拱顶为压应变,底板为拉应变。整体受力形式和数值模拟中的结果相似。但在 0~0.5h 时,联络通道模型整体有一定的拉应变产生,尤其在联络通道两端应变较大。产生这种现象的原因是模型箱刚度不够大,解冻开始后,联络通道模型温度升高明显,热应变无法被两端连接完全约束。

图 5-74a 中拱顶变形有较大的突变,可能是局部混凝土浇筑质量较差,出现裂缝等原因造成的,但整体明显呈增大趋势。图 5-74b 中应变曲线变化范围为 $0\sim15\mu\varepsilon$,整体应变最小,波动较大,可判定该测点截面距离零弯矩截面最近。

强制解冻时土层压力的变化由 10 个土压力盒进行监测,由于不满足应力相似条件,且试验中预埋联络通道模型与实际工程情况不符,因此仅对强制解冻引起的地层压力变化做定性分析,土层压力变化曲线见图 5-75。

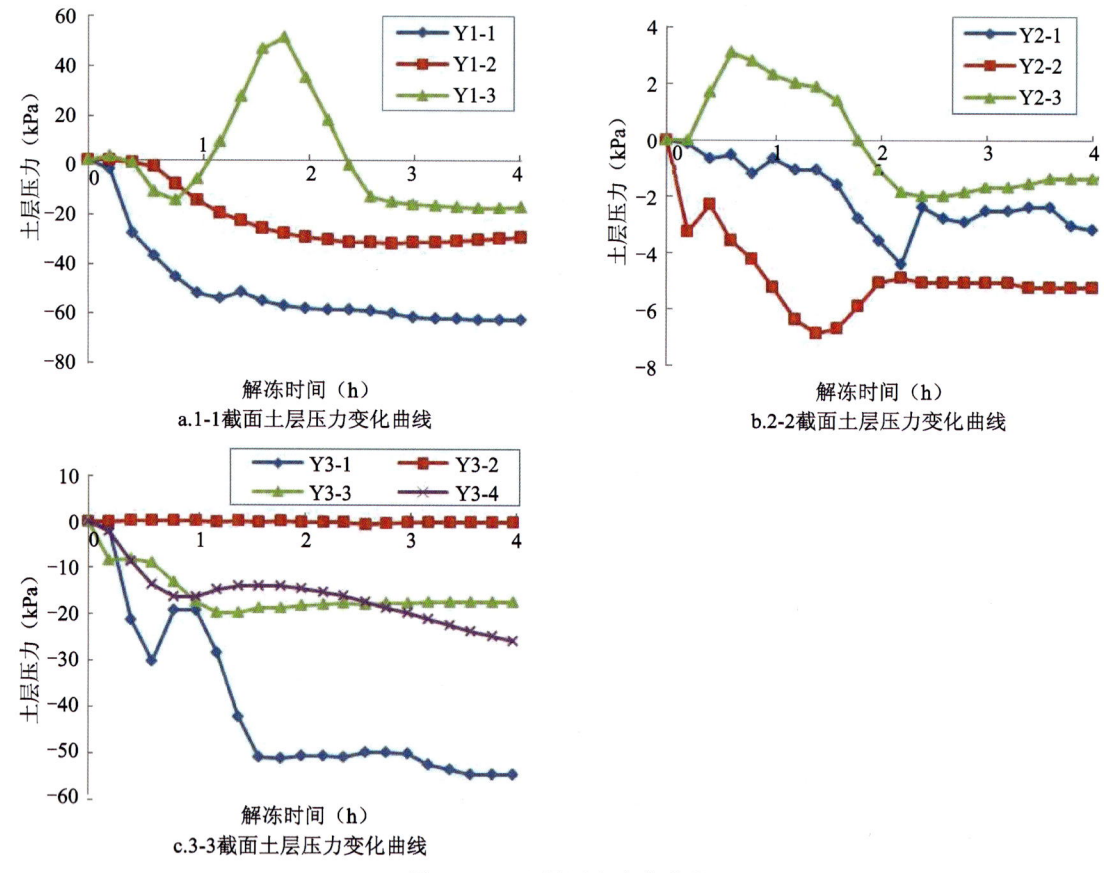

图 5-75 土层压力变化曲线

由图 5-75 可以看出,随解冻时间延长,各土压力测点土层压力都有降低的趋势,但总体波动较为强烈,可能原因为联络通道端部连接在土层压力改变时发生错动,或者压力盒和土层接触不良,如 Y3-2 测点监测压力始终在零点上下波动。

将试验土层压力变化情况和数值模拟结果进行比较发现,试验中随着解冻的进行,联络通道模型受到的地层压力不断减小,没有回升增大的趋势。从图 5-75 可以看出,压力最大变化范围约为 60kPa,比上覆土柱总压力大一倍。因此,可以判断出压力盒监测数据主要为冻胀力的消散,所以在解冻结束前(2.4h)土层压力变化明显,之后土层压力变化幅度减小。

## 5.4 分期冻结对衬砌结构影响的数值模拟研究

### 5.4.1 数值模拟的计算模型

**1. 基本假设**

利用三维有限元模型对隧道衬砌的受力及变形进行模拟,从数值分析的角度分析冻结过程中隧道衬砌的变形规律。考虑到问题的复杂性,为简化计算,在三维有限元模拟过程中,对长距离联络通道水平冻结进行数值模拟时,做出以下假定。

(1) 假设土体均质、连续且各向同性。不考虑土体的非线性,仅用弹性模型。

(2) 土体冻结时,潜热集中在冻结界面连续放出。假设冻结区域内土中水全部冻结成冰,即冻土中的未冻水含量为 0。

(3) 模型中在冻结孔上施加随温度变化的荷载来模拟冻结过程中冻结管外表面温度,忽略冷媒剂循环过程中冻结管内外复杂的热交换过程。

(4) 忽略各土层特性的差异,假定原型工程所处土层均为 3-4 粉质黏土夹粉土层。

(5) 通过定义随温度变化的冻土热应变模拟土体的冻胀过程。

(6) 不考虑隧道管片每环之间的螺栓连接,将管片视为一个整体的环状结构。

**2. 几何模型**

根据研究结果,在冻结壁向井外发展的过程中,井外降温区的宽度不超过外圈冻结管外侧冻结壁厚度 $E_0$ 的 5～8 倍,而众多研究和实测资料表明,地下隧道开挖后的应变应力,仅在隧道周围距离隧道中心点 3～5 倍隧道开挖宽度(高度)范围内存在实际影响,在 3 倍宽度处的应力变化一般在 10% 以下,在 5 倍宽度处的应力变化一般在 3% 以下。由于隧道是三维对称问题,采用 1/2 模型计算。隧道直径为 6.2m,隧道中心埋深为 24.3m。模型为长度 84.4m、宽度 40.0m、高度 49.3m 的长方体。

**3. 边界条件**

边界条件就是流场变量在计算边界上应该满足的数学物理条件,边界条件与初始条件一起并称为定解条件。计算隧道衬砌的应力需开展地层冻结温度场、应力场的顺序耦合分析,因此涉及两种物理场的边界问题。

温度场边界条件:在温度环境计算中,模型四周边界(除对称面)设置恒温条件为 20℃,对称面设为绝热边界,联络通道处的管片内侧设置保温绝热条件。

应力场边界条件:在结构环境计算中,模型的上边界为自由边界;前边界为对称边界,即

取 $U_z=0$；其他边界为固定端，即取 $U_x=0, U_y=0, U_z=0$。

初始条件：根据该工程实测资料确定，模型初始地温取为20℃。应力荷载的重力加速度取为 $g=9.8 \text{m/s}^2$。

### 5.4.2 数值模拟的计算步骤

由于冻结时间较长，需要的盐水量大，需要模拟盐水温度降至-28℃的全过程。所以，冻结管外壁的温度将随时间逐步加载到-28℃。

采用ANSYS大型数值分析软件分别建立温度场、力场两种不同的物理场分析环境，再进行顺序耦合计算，最后提取并分析所得出的结果，本次数值模拟计算的过程如下。

(1) 首先，进行温度场边界条件的加载，同时模拟冻结盐水降温过程，进行冻结温度场模拟计算。

(2) 其次，施加重力场和力场边界条件，进行实体模型的自重应力场计算，并进行消除由自重应力所引起的位移计算。

(3) 最后，进行热-应力耦合场计算，计算由于土体冻胀引起的隧道衬砌受力状态及位移的变化。

土的冻胀变形系数是影响冻胀力计算结果的最为关键的参数，本次计算参数线膨胀系数时，按孔隙水完全结冰膨胀，推求出其原位冻胀过程中的体积冻胀系数，进而计算热应变系数。在建模过程中将模型划分成不同的材料属性，通过设置不同的材料热应变系数来模拟冻结加固体的冻胀变形。利用ANSYS有限元程序，通过设定温度非线性的负的线膨胀变形系数，即可实现对地层冻结过程中冻胀变形及冻胀力的模拟。在ANSYS程序中，温度应变的计算均需设定恒定的参考温度，即介质的线膨胀系数始终是相对于该参考温度而言。因此，计算时首先按式(5-3)将热应变系数转化为不同温度下的线膨胀系数。

计算公式如下：

$$\alpha = \frac{\alpha_f}{T - T_{ref}} \quad (5-3)$$

式中，$\alpha$ 为 $T$ 温度点时的线膨胀变形系数；$\alpha_f$ 为土的热应变系数；$T_{ref}$ 为温度变形计算时的参考温度，℃。

冻结外壁温度取值采用原工程拟采用设计方案，左、右线隧道同时冻结，冻结天数为45d，7d后盐水温度下降至-7℃，15d后盐水温度下降至-25℃，21d后盐水温度下降至-28℃。典型参数盐水降温曲线如图5-76所示。

数值计算中涉及的相关参数由给定的公式在ANSYS中编程自动计算获得。冻结区域内土层为粉质黏土夹粉土层，冻结温度取为-0.6℃。计算模型中冻结管布置方式及土体参数与典型参数情况一致，考虑左、右侧冻结管分期冻结，右侧冻结管滞后于左侧15d冻结，即左侧冻结管第1~45d投入冻结，右侧冻结管第16~45d投入冻结。分期冻结盐水降温曲线如图5-77所示。

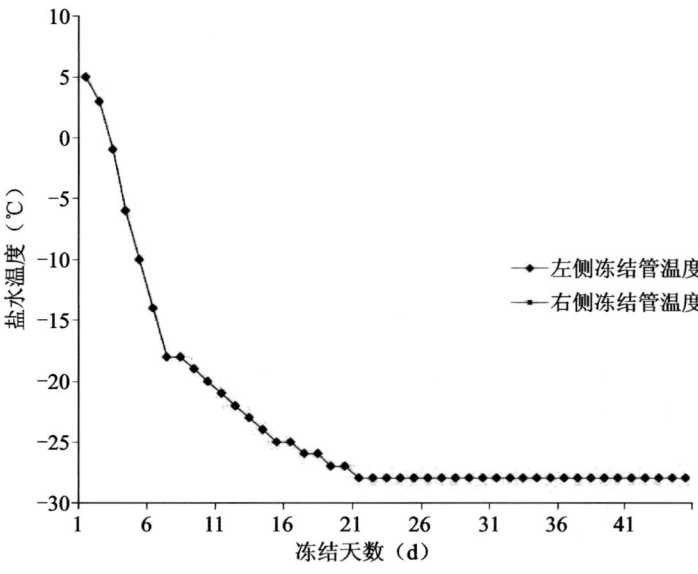

图 5-76 典型参数盐水降温曲线图

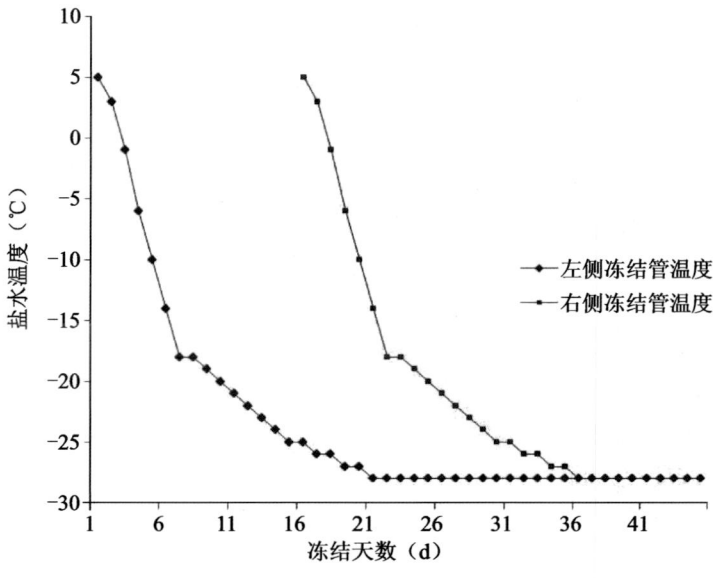

图 5-77 分期冻结盐水降温曲线图

## 5.4.3 温度场计算结果分析

**1. 冻结壁形成过程**

不同冻结时间下,冻结温度场云图与冻结锋面图如图 5-78 所示。

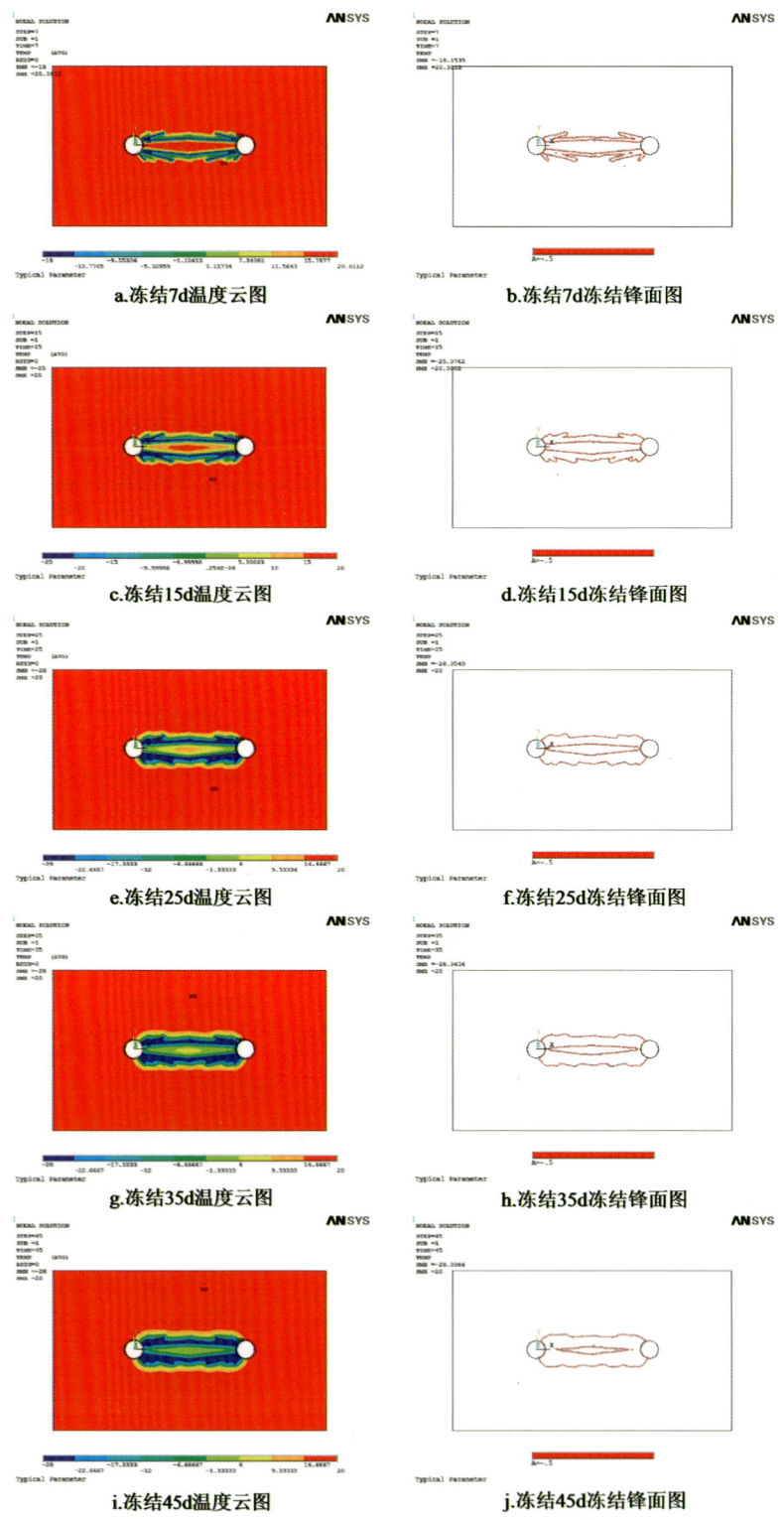

图 5-78 典型参数冻结温度场云图与冻结锋面图

从图 5-78 可以看出,在冻结初期,各冻结管之间的土体与低温盐水开始剧烈热交换,冻结管周围土体温度下降明显,在冻结管附近形成冻土柱,随着冻结时间的增加冻土柱不断向周围扩大发展。冻结 45d 时,冻结壁特征参数已经基本稳定,分别向内外圈发展并趋于稳定,且左、右侧形成的冻结壁基本一致。

**2. 冻结帷幕的厚度和平均温度**

图 5-79 为典型参数冻结壁厚度随时间变化曲线。

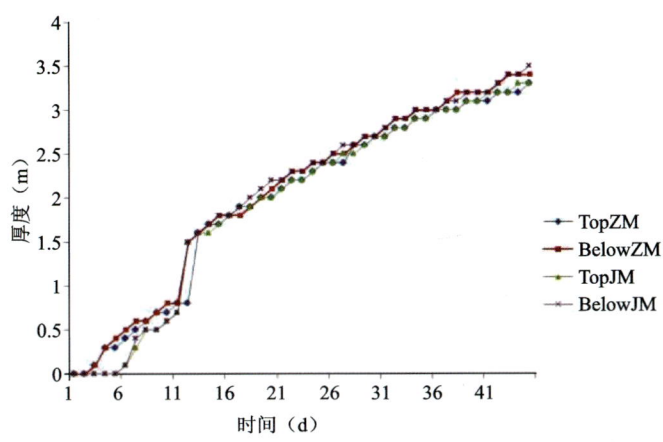

图 5-79 典型参数冻结壁厚度随时间变化曲线

从图 5-79 中可以看出:
(1)主面与界面的冻结壁前期发展速度快,12d 起呈现明显的趋缓段,速度降低。
(2)前期主面的厚度大于界面的厚度,随着冻结时间的进行,两者逐渐逼近,趋于相同。
(3)顶部冻结壁的主面最大厚度为 3.3m,界面最大厚度达到 3.3m,两者一致;底部冻结壁的主面最大厚度为 3.3m,界面最大厚度达到 3.5m,两者基本一致。

图 5-80 为典型参数冻结壁平均温度随时间变化曲线。

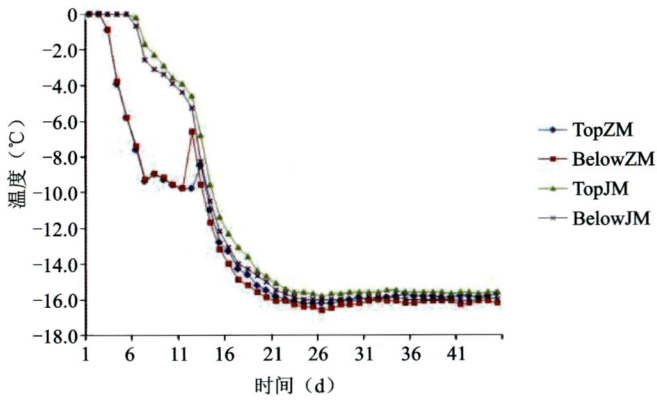

图 5-80 典型参数冻结壁平均温度随时间变化曲线

从图 5-80 中可以看出,界面温度相对于主面温度有较大的滞后,从 14d 起主面与界面温度逐渐趋于一致,从 23d 起主面与界面温度下降趋于平缓。顶部主面与界面的平均温度最终达到 －15.7℃ 左右;底部主面与界面的平均温度最终达到 －16.1℃ 左右。

冻结 45d 后,顶部冻结壁厚度约为 3.3m,平均温度约为 －15.7℃;底部冻结壁厚度约为 3.4m,平均温度约为 －16.1℃。冻结 45d 均已达到冻结设计要求,满足开挖条件。

### 5.4.4 冻结过程中位移场结果分析

冻结 45d 后,由于土体冻胀的作用引起隧道管片的位移及变形如图 5-81 和图 5-82 所示。从模型位移分布云图可以看出,在冻结 45d 的过程中,冻结管周围土体产生冻胀,模型中土体的 $X$ 方向和 $Y$ 方向位移由冻结壁区域土体不断向四周土体扩散。随着冻结时间的增加,土体的 $X$ 方向和 $Y$ 方向位移越来越大,位移云图中扩散的范围也越来越大。

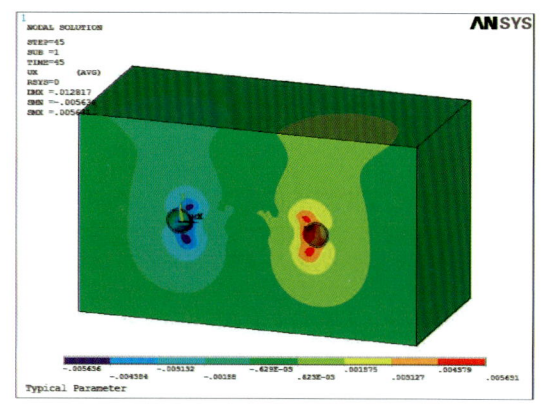
图 5-81 冻结 45d 模型 $X$ 方向位移分布

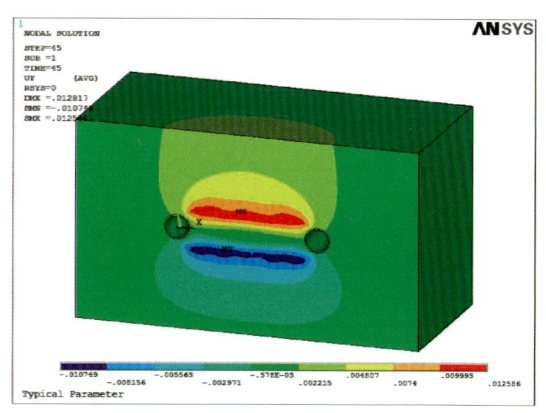
图 5-82 冻结 45d 模型 $Y$ 方向位移分布

如图 5-81 所示,在冻结 45d 后,土体 $X$ 方向最大位移出现在隧道管片与冻土交接处,发生水平位移的土体区域由盾构隧道周边土体一直扩散至地表。－$X$ 方向最大位移值出现在左线隧道管片右侧的土体,其值为 －5.64mm;＋$X$ 方向最大位移值出现在右线隧道管片左侧土体,其值为 5.63mm。由此可见,土体冻胀引起的 $X$ 方向位移主要影响集中在隧道周边土体,随着距隧道周边土体区域越远其影响越小。

如图 5-82 所示,在冻结 45d 后,土体 $Y$ 方向最大位移出现在上、下冻结壁附近的土体区域,发生竖直位移的土体区域由冻结壁周边土体一直扩散至地表。＋$Y$ 方向最大位移出现在顶部冻结壁周边土体,其值为 12.59mm;－$Y$ 方向最大位移出现在底部冻结壁周边土体,其值为 －10.75mm。由此可见,土体冻胀引起的 $Y$ 方向位移主要影响集中在中间冻结管周边土体,随着距冻结管周边土体区域越远其影响越小。

### 5.4.5 应力场结果分析

冻结 45d 后,由于土体冻胀的作用引起隧道衬砌的受力变化。取距联络通道中心 0～

小于未分期冻结情况的竖直方向位移。

分期冻结过程中,隧道位移分布云图如图 5-88 所示。

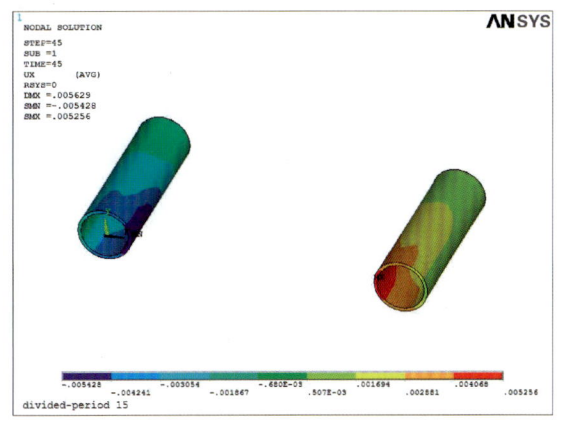 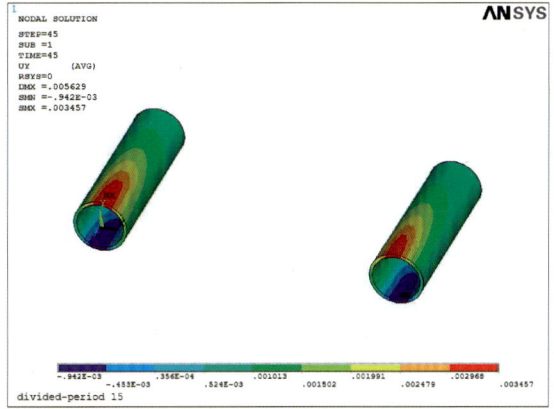

a. 冻结45d隧道X方向位移分布　　　　b. 冻结45d隧道Y方向位移分布

图 5-88　分期冻结隧道位移分布云图

从图 5-88 隧道位移分布云图中可以看出,在冻结前期,由于右侧冻结管未投入冻结,仅左侧冻结管开始冻结,左线隧道产生明显的水平及竖直方向位移,右线隧道几乎未产生位移。随着右侧冻结管投入冻结,由于右侧土体也开始产生冻胀,右线隧道也随即产生水平及竖直位移,但其值小于左线隧道。随着冻结时间增长,右线隧道产生的位移量与左线之差不断缩小。

如图 5-88a 所示,隧道 $X$ 方向最大位移出现在管片与冻土交接处,随着距管片与冻土交接处越远,隧道在 $X$ 方向的位移也逐渐减小。左线隧道 $X$ 方向的位移值为负,方向向左;右线隧道 $X$ 方向的位移值为正,方向向右。左线隧道管片在 $-X$ 方向最大位移值达到 $-5.4$mm;右线隧道管片在 $+X$ 方向最大位移值达到 5.2mm。通过对比可得,分期冻结情况下左线隧道水平方向位移比右线隧道大,且均小于未分期冻结情况的水平方向位移。

如图 5-88b 所示,隧道在 $+Y$ 方向最大位移均出现在管片上缘部位,管片在 $-Y$ 方向最大位移均出现在管片下缘部位。随着距联络通道中心处越远,隧道在 $Y$ 方向的位移也逐渐减小。左线隧道管片在 $+Y$ 方向最大位移值为 3.5mm,右线隧道管片在 $+Y$ 方向最大位移值为 3.3mm;左线隧道在 $-Y$ 方向最大位移值为 $-0.9$mm,右线隧道在 $-Y$ 方向最大位移值为 $-0.9$mm。通过对比可得,分期冻结情况下左线隧道竖直方向位移比右线隧道大,且均小于未分期冻结情况的竖直方向位移。

### 5.4.8　分期冻结的应力场结果分析

冻结45d后,由于土体冻胀的作用引起隧道管片的受力变化。取距联络通道中心0~20m范围内的盾构隧道进行研究,图 5-89 为管片应力分布云图。

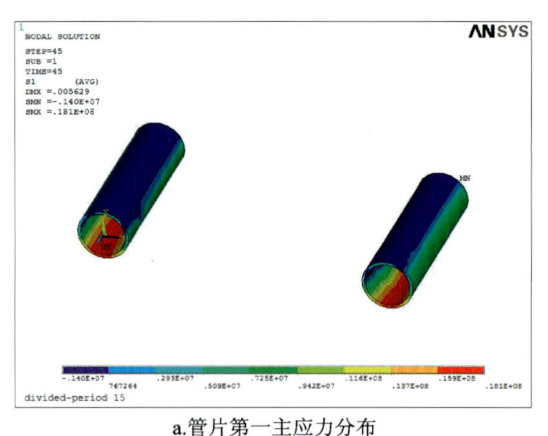
a.管片第一主应力分布

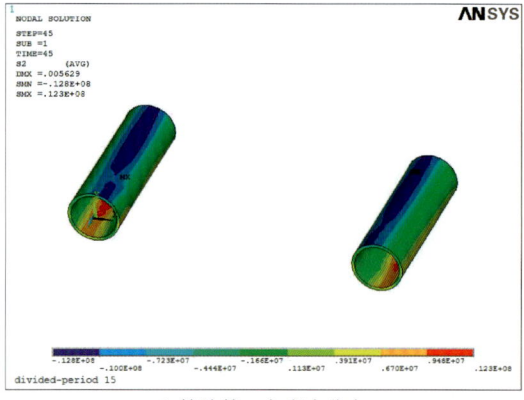
b.管片第二主应力分布

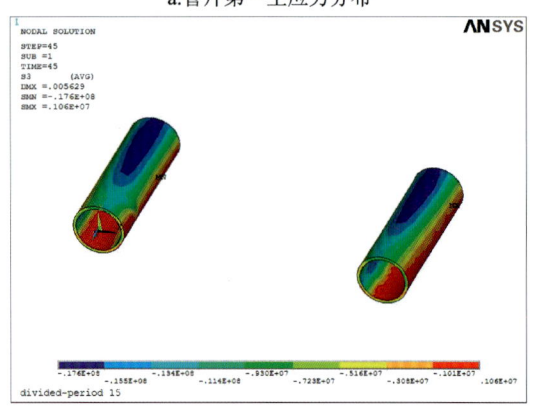
c.管片第三主应力分布

d.管片von Mises等效应力分布

图 5-89 分期冻结隧道应力分布云图

分别提取隧道管片的第一主应力、第二主应力、第三主应力和 von Mises 等效应力的云图。从图 5-89a 可以看出，左线隧道的第一主应力范围为 $-1.39\sim18.1$MPa，左线隧道拉应力较大的部位主要集中在隧道下方管片区域，最大拉应力出现在左线隧道距联络通道 0.5m 处的管片正下方位置，该点坐标为$(-0.5,-2.7,-0.5)$，其值为 18.1MPa；右线隧道的第一主应力范围为 $-1.40\sim18.0$MPa，右线隧道拉应力较大的部位主要集中在隧道下方管片区域，最大拉应力出现在右线隧道距联络通道 1.1m 处的管片正下方位置，该点坐标为$(35.0,-2.7,-1.1)$，其值为 18.0MPa。从图 5-89b 可以看出，左线隧道的第二主应力范围为 $-12.6\sim12.3$MPa；右线隧道的第二主应力范围为 $-12.8\sim12.2$MPa。从图 5-89c 可以看出，左线隧道的第三主应力范围为 $-17.6\sim0.8$MPa，左线隧道压应力较大的部位主要集中在隧道上方管片区域，最大压应力出现在左线隧道距联络通道 14.4m 处的管片上方位置，该点坐标为$(0,3.1,-14.4)$，其值为 $-17.6$MPa；右线隧道的第三主应力范围为 $-17.5\sim1.1$MPa，右线隧道压应力较大的部位主要集中在隧道上方管片区域，最大压应力出现在右线隧道距联络通道 15.4m 处的管片上方位置，该点坐标为$(33.4,2.9,-15.4)$，其值为 $-17.5$MPa。从图 5-89d 可以看出，左线隧道的 von Mises 等效应力范围为 2.4～

23.3MPa,左线隧道等效应力较大的部位主要集中在隧道下方管片区域,最大值出现在左线隧道距联络通道 3.8m 处的管片正下方位置,该点坐标为(-0.6,-3.0,-3.8),其值为 23.3MPa,最小值出现在左线隧道距联络通道 3.0m 处的管片左侧位置,该点坐标为(2.9,0.3,-3.0),其值为 2.4MPa;右线隧道的 von Mises 等效应力范围为 2.8~23.3MPa,右线隧道等效应力较大的部位主要集中在隧道下方管片区域,最大值出现在右线隧道距联络通道 3.7m 处的管片正下方位置,该点坐标为(34.9,-3.1,-3.7),其值为 23.3MPa;最小值出现在右线隧道距联络通道 3.0m 处的管片左侧位置,该点坐标为(31.4,0.3,-3.0),其值为 2.4MPa。

## 5.5 分期冻结对衬砌结构影响的模型试验研究

### 5.5.1 试验的模化设计

根据相似理论,进行模型试验的设计。

(1)几何缩比的确定:模型取几何缩比 $Cl=15$,试验中隧道直径为 $\Phi=6200/15=413.3$(mm),管片厚度为 $\delta=350/15=23.3$(mm)。

(2)相似材料的选择:试验中选取与工程实际土性相同的土,以保证试验中的温度场与原型相似。由于试验条件有限,难以满足力场的相似,故对力场进行模型试验,以探寻其力学变化规律。

(3)时间缩比:模型试验 1 个单元时间过程相当于原型 225 个单元时间过程。

(4)边界条件相似:在模型设计中还需满足温度场边界条件相似。由于模拟试验在室内进行,需在模型表面和周围用保温材料做好隔热保温,以达到温度边界条件相似。

(5)温度缩比:根据科索维奇准则,模型中岩土与原型相同,故模型各点与原型对应点的温度值相等。

### 5.5.2 模拟试验系统

模拟试验系统包括试验土箱系统、隧道结构系统、制冷系统及量测系统。

**1. 试验土箱系统**

试验土箱的尺寸为 2.5m×2.0m×1.5m,左线隧道放置在高 0.7m 处,冻结管中线位于隧道 0.7m 处,试验土箱内部布置具体尺寸如图 5-90 所示。

**2. 隧道模型系统**

为模拟实际工程中外径 6.2m、内径 5.5m 的盾构隧道,试验中采用几何缩比为 1:15,即在试验中须浇筑长度 2m、外径 420mm、内径 360mm 的钢筋混凝土隧道模型。隧道模型见图 5-91。

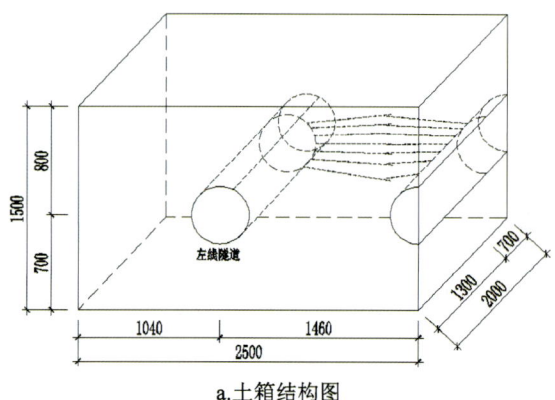
a.土箱结构图

b.土箱实物图

图 5-90　试验土箱系统

图 5-91　隧道模型系统

### 3. 制冷系统

制冷系统包括制冷机、盐水输送管路和模型冻结管,制冷循环系统如图 5-92 所示。本试验使用的制冷机以 R22 作为制冷剂,能提供最低盐水温度为 -38℃,可实现自动控温,制冷能力为 9kW,其制冷量满足要求。盐水干管规格为 $\Phi 50mm$,冻结管规格为 $\Phi 20mm$,每侧各 21 根,共 42 根,总长为 26.4m。

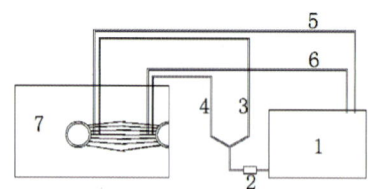

图 5-92　制冷系统示意图
1.盐水箱;2.盐水泵;3.左侧进水管;4.右侧进水管;
5.左侧回水管;6.右侧回水管;7.实验箱

**4. 量测系统**

量测系统由传感器、数据采集仪和计算机组成。传感器包括热电偶、位移计和应变花。热电偶类型为铜-康铜;位移计选用 YWC-50 型应变式位移传感器,量程为±50mm;应变片选用 BX120-10CA 型号应变花,温度数据采集选用 DATATAKER（DT85G）;位移数据采集选用 YBY-2001 型应变测试分析系统;应变数据采集选用 GBD3816 型静态应变测试系统。上述采集仪均可定时采集、存储数据,实现长时间连续监测。

### 5.5.3 传感器的布置方案

**1. 冻土体中温度监测方案**

为获取冻结温度场发展及冻结壁形成规律,分别在两侧顶部冻结管的主面所在截面上布置测点,以获得左、右侧冻结管主面各测点的温度。测点分布在 2 个截面上,共计 15 个。温度测点具体位置及布置方式如图 5-93 所示。

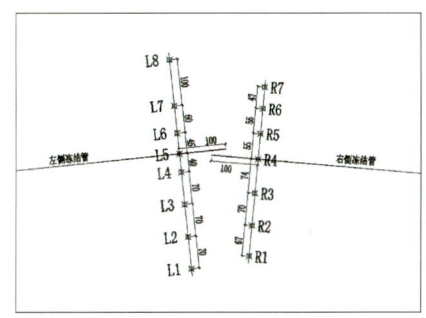
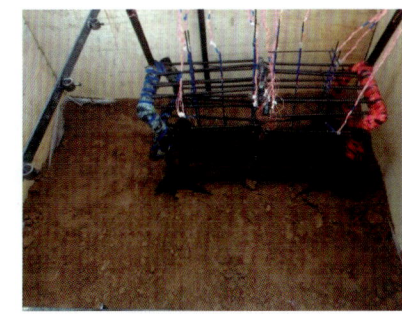

a.温度测点布置设计图　　　　b.温度测点布置实物图

图 5-93　土体中温度测点布置图

**2. 隧道温度监测方案**

为获取各应变测点处的温度变化,须在各应变花处布置温度测点。温度测点共计 48 个,具体布置如图 5-94 所示。

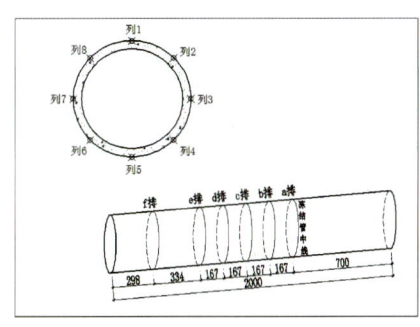

a.隧道温度测点布置设计图　　　　b.隧道温度测点布置实物图

图 5-94　隧道中温度测点布置图

**3. 隧道变形监测方案**

在隧道顶部表面选取 7 个测点，共布置 7 个位移计，监测冻结过程中土体冻胀对隧道产生的竖向位移，具体测点布置如图 5-95 所示。

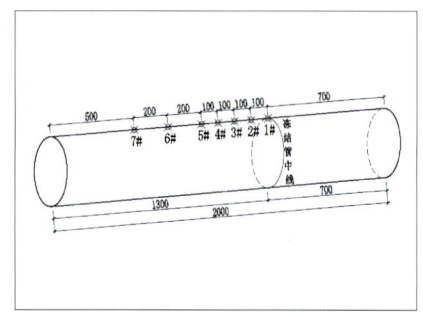 

a.隧道变形测点布置设计图　　　　b.隧道变形测点布置实物图

图 5-95　位移计测量布置位置

**4. 隧道的应变监测方案**

为了研究冻结过程冻胀对隧道结构受力的影响，测试隧道结构产生的应变。在隧道外表面布置 48 个应变花，分 8 列 6 排布置，每个应变花使用 0°和 90°两个方向测点，共计 96 个应变测点，用于测试冻结过程中隧道外表面产生的切向应变与轴向应变。温度补偿片布置在不受力的混凝土块上，尽量与所测应变花的温度相近，各应变花测点具体布置如图 5-96 所示。

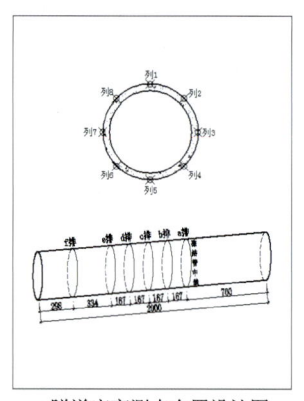 

a.隧道应变测点布置设计图　　　　b.隧道应变测点布置实物图

图 5-96　隧道外表面应变花布置位置

### 5.5.4　实验数据分析

**1. 冻结温度场分析**

试验设计左侧冻结管首先投入冻结，在冻结 1.6h 后，右侧冻结管随即投入冻结使用，试验运行 5h 后结束冻结。图 5-97 为试验盐水温度分布曲线，试验中每隔 10min 提取一次数据。从图 5-97a 中可以看出，左侧盐水干管去路温度维持在 -29.1～-26.0℃，回路温度维持在-23.7~-21.0℃,去路与回路温差稳定在5.2℃左右。由此可见,左侧盐水干管的降温效果良好。从图5-97b中可以看出,在试验前1.6h,由于右侧冻结管尚未投入使用,因此右侧盐水干管去、回路的温度为9.2℃左右,与初始温度基本一致。随着右侧冻结管开始投入使用,右侧盐水干管去路温度维持在-30.2~-28.2℃,回路温度维持在-26.1~-23.7℃,去路与回路温差稳定在4.8℃左右。由此可见,右侧盐水干管的降温效果良好。

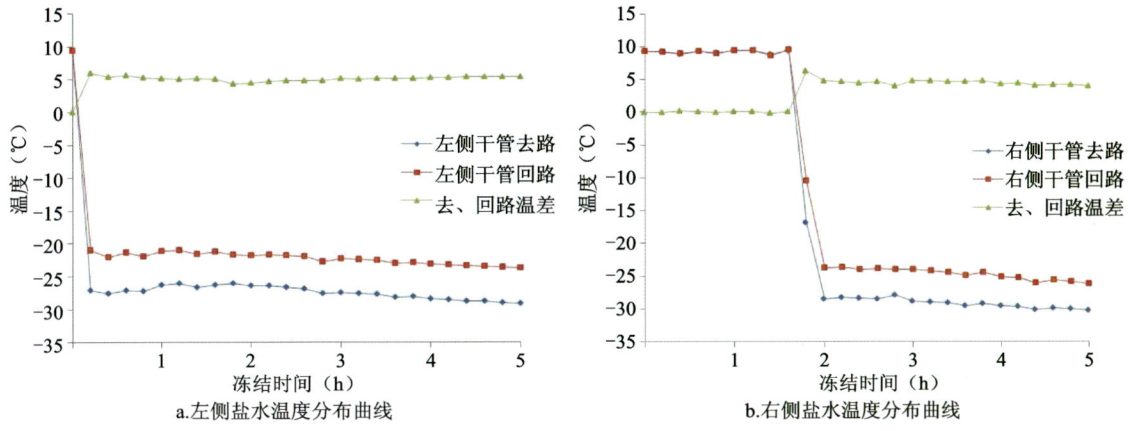

图5-97 试验盐水温度曲线图

图5-98为冻土体中温度分布曲线,试验中每隔1h提取一次温度数据。图5-98a为左侧冻结管主面路径上各测点的分布温度,该路径上冻结管处的测点温度最低,距冻结管距离越远的测点温度也越高,在冻结5h后,冻结管处的测点温度达-19.7℃;随着冻结时间的增长,各测点的温度不断降低。图5-98b为右侧冻结管主面路径上各测点的分布温度,由于在试验前1.6h右侧冻结管尚未投入冻结,该路径上各测点温度约为初始温度8.4℃;随着右侧冻结管开始投入冻结,该路径上冻结管处的测点温度最低,距冻结管距离越远的测点,其温度也越高,在冻结5h后,冻结管处的测点温度达-21.9℃;随着冻结时间的增长,各测点的温度不断降低。

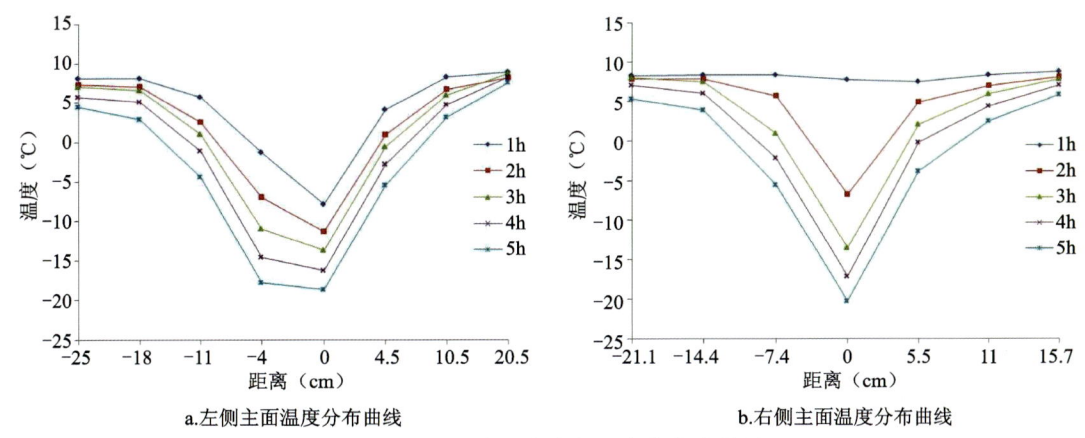

图5-98 试验土中路径温度分布曲线图

图5-99为隧道路径各测点温度曲线。从图中对比可得,随着冻结时间的增长,隧道路径各排中a排、b排、c排的降温幅度较大,尤其是列2、列3、列4较为明显。这是因为在模型

试验中,a 排、b 排、c 排距冻结管较近,而列 2、列 3、列 4 与冻结管同侧,因此其各测点较其他测点的温度下降幅度较大。由于应变片在量测过程中受温度的影响较大,若温度变化明显将引起较大的测量误差。

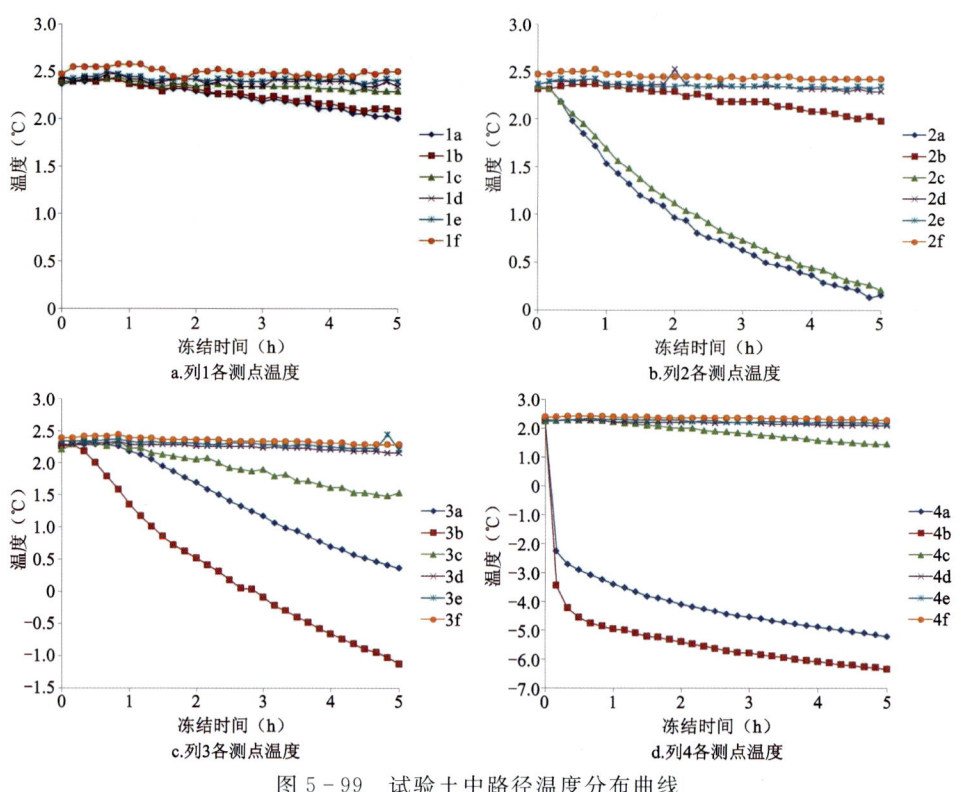

图 5-99 试验土中路径温度分布曲线

**2. 隧道位移分析**

图 5-100 为试验中 7 个位移计的位移数据,试验中每隔 10min 记录一次位移数据。

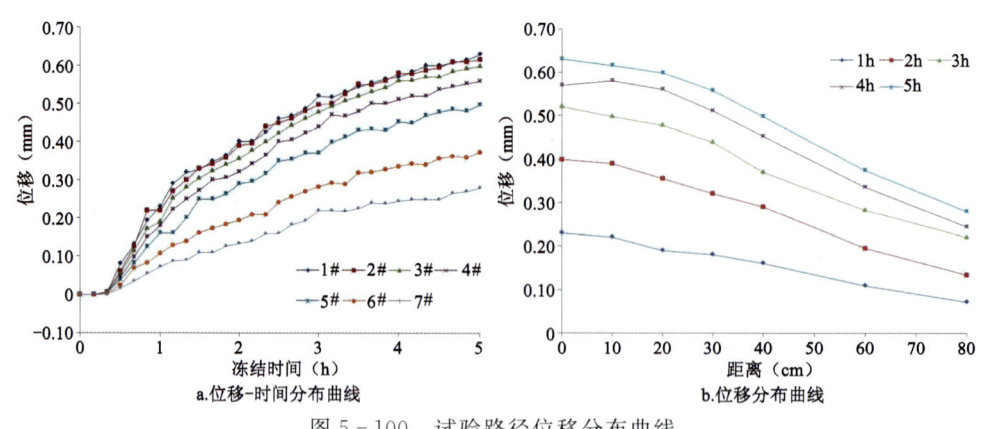

图 5-100 试验路径位移分布曲线

从图 5-100a 可以看出,各测点的位移随冻结时间不断增大,在冻结初期增长速度较快,随后逐渐平稳。在冻结 5h 后,1#测点的位移达 0.63mm,2#测点的位移达 0.62mm,3#测点的位移达 0.60mm,4♯测点的位移达 0.56mm,5♯测点的位移达 0.50mm,6♯测点的位移达 0.37mm,7♯测点的位移达 0.28mm。从图 5-100b 可以看出,在冻结管中心处测点的位移较大,随着距冻结管中心距离越远的测点,其位移值逐渐减小。

**3. 隧道应变分析**

图 5-101 为各应变花读取的隧道切向应变的数据,试验中每隔 10min 记录一次各测点的切向应变数据。

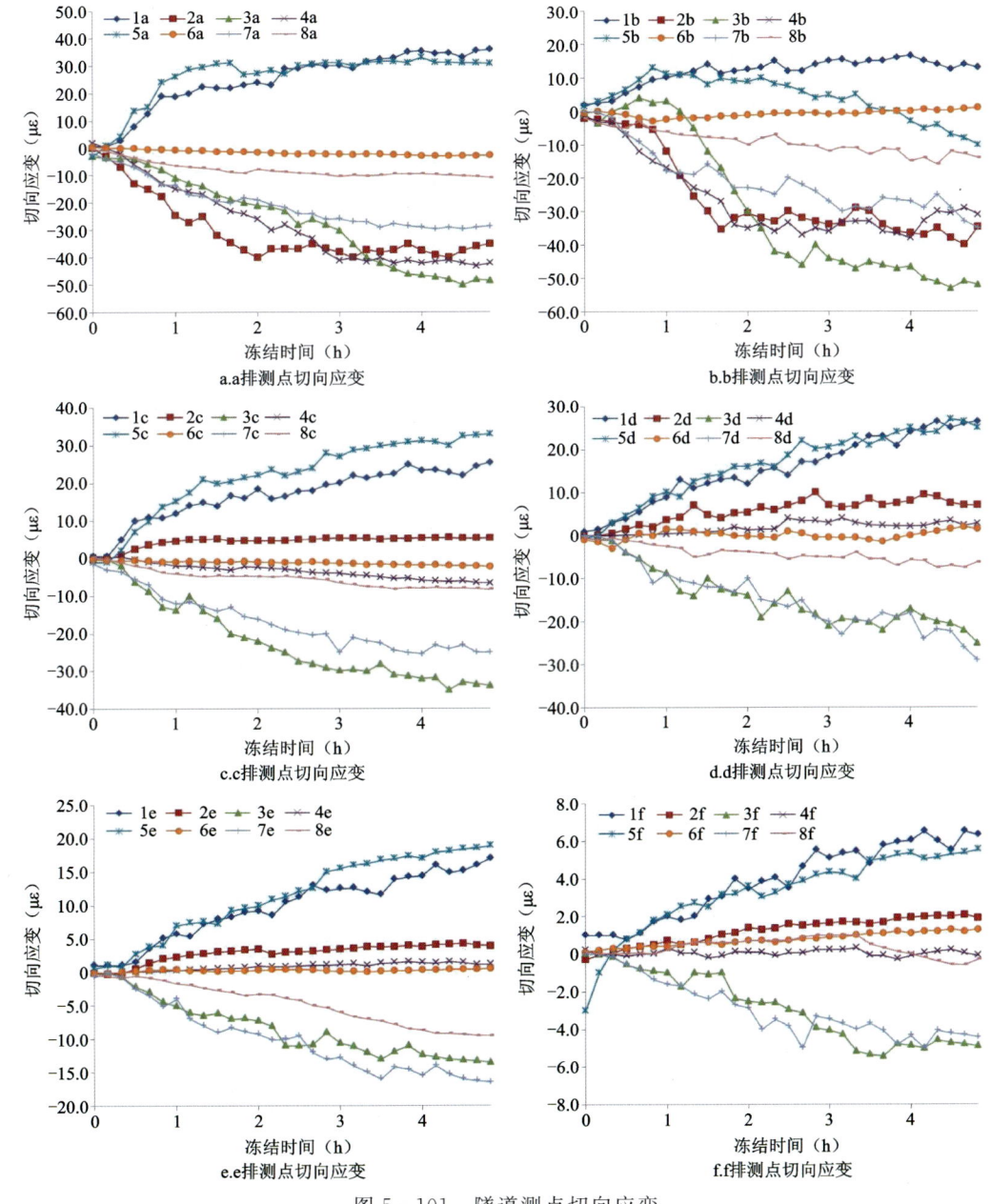

图 5-101　隧道测点切向应变

由图 5-101 中各排测点量测结果综合可得，随着冻结时间的增长，列 1~列 5 切向应变的变化较大，列 6~列 8 切向应变的变化不明显。这是因为列 1~列 5 与冻结管同侧，在冻结过程中，冻土的膨胀导致隧道的受力变形，因此列 1~列 5 各测点的切向应变随冻结时间而呈显著的变化。此外，f 排各测点的切向应变也比其他各排的值低，这是因为 f 排是离冻结管距离最远的一排，隧道在该处的受力变形较小。试验冻结 5h 后，a 排中各测点的最大拉应变为 1a，其值为 $35.9\mu\varepsilon$，最大压应变为 3a，其值为 $-48.5\mu\varepsilon$；b 排中各测点的最大拉应变为 1b，其值为 $13.0\mu\varepsilon$，最大压应变为 3b，其值为 $-52.0\mu\varepsilon$；c 排中各测点的最大拉应变为 5c，其值为 $33.1\mu\varepsilon$，最大压应变为 3c，其值为 $-33.9\mu\varepsilon$；d 排中各测点的最大拉应变为 1d，其值为 $26.5\mu\varepsilon$，最大压应变为 7d，其值为 $-29.0\mu\varepsilon$；e 排中各测点的最大拉应变为 5e，其值为 $18.9\mu\varepsilon$，最大压应变为 7e，其值为 $-16.5\mu\varepsilon$；f 排中各测点的最大拉应变为 1f，其值为 $6.3\mu\varepsilon$，最大压应变为 3f，其值为 $-4.9\mu\varepsilon$。

# 6 地下水渗流对联络通道冻结温度场的影响研究

目前地铁联络通道水平冻结法的研究和应用中多是忽略了地下水的影响,但仅考虑静水条件下冻结温度场发展时的冻结设计参数是显然不合理的。在冻结法越来越多地应用于地铁联络通道及相关工程的背景下,因地下水活动造成冻结工程的失败案例增多。根据已有的研究成果发现,渗流水作用下冻结壁对于相同位置在各个方向的厚度发展不均衡。与静水条件下情况不同,由于渗流场对温度场产生了影响,导致冻结壁在不同方向路径上冻土的发展速度明显不同,从而使得冻结壁在主面、界面以及上下游的厚度存在差异,冻结壁的交圈时间发生改变,尤其是对根据测温孔进行冻结壁厚度的推测结果会产生较大影响。

随着城市地铁的快速发展,联络通道冻结工程应用不断增多,面临的工程条件越来越复杂,更加安全高效的应用冻结法在联络通道建设中愈发重要。关于地下水渗流条件下的地铁联络通道渗流场、温度场耦合分析的有关研究相对较少,导致重视程度不足,缺乏可靠研究依据。国内外研究中,对于考虑空间效应的水平渗流条件下联络通道冻结热流(TH)耦合三维分析还没有深入研究。考虑到地铁联络通道冻结法施工中的地下水渗流作用,研究在地下水渗流条件下联络通道冻结温度场的发展规律,为冻结法在联络通道中的施工设计提供理论研究依据,可使得今后联络通道冻结工程在降低工期及成本的同时更加安全可靠,具有重要的工程实用价值。

在研究渗流地层冻结温度场的变化规律时,应力场可不作为研究的主体,但应考虑其耦合作用,通过试验确定渗透系数和应力、温度之间的函数关系,这样就省去应力场计算。因此考虑渗流作用下联络通道冻结温度场研究时,仅作温度场和渗流场之间的耦合。数值模拟方面,利用 COMSOL Multiphysics 软件建立基于数学偏微分方程基础上的耦合场数值模型,然后进行渗流条件下水平冻结温度场的典型参数耦合计算,计算两个垂直于隧道方向的水平渗流水对联络通道冻结温度场的影响,计算分析不同因素对冻结温度场的影响规律及其影响显著性。物理试验方面,通过设计、制作、建立渗流与冻结物理试验各组成系统,研究在渗流条件下的联络通道冻结温度场的发展规律,并对比验证数值模拟的结果。

## 6.1 渗流条件下联络通道冻结数值模拟研究

### 6.1.1 有限元计算模型

对地下水渗流作用下的地铁联络通道水平冻结温度场进行三维有限元数值模拟时，可通过数值分析方法来研究地下水渗流作用下地铁联络通道水平冻结温度场的发展规律。研究中仅考虑应力场本身的耦合作用，应力场不作为主要研究对象。因此，本研究涉及渗流场、温度场两个物理场之间的耦合场分析，其中冻结温度场主要以热传导、热对流两种传热方式形成热量传递，地下水渗流场对地层温度场影响主要通过热对流方式使得地层热量发生移动，而地层温度场发展过程中土层渗流特性如渗透系数会随之发生变化，从而对地下水渗流场产生影响。

（1）地层温度场中基于对流导热相变微分方程，得出考虑相变的温度场、渗流场能量守恒方程为：

$$C_{eq}\frac{\partial T}{\partial t}+\rho_l L\frac{\partial \theta_l}{\partial T}+\nabla(\rho_l C_l \vec{u} T - \lambda_{eq}\nabla T)=Q_t \tag{6-1}$$

式中，$C_{eq}$ 为等效体积热容；$\rho_l$ 为流动水的密度；$L$ 为单位质量的冰水相变释放的相变潜热值；$\theta_l$ 为液态水的含量；$\lambda_{eq}$ 为等效导热系数；$C_l$ 为水的比热容；$u$ 为流体的渗流速度矢量；$\nabla$ 为哈密顿算子；$Q_t$ 为热源。

（2）对于地层渗流场，不考虑水与砂层的可压缩性，饱和砂层渗流的控制方程为：

$$\nabla(\rho\vec{u})=Q_m \tag{6-2}$$

$$\vec{u}=-\frac{K}{\mu}\nabla p \tag{6-3}$$

式中，$\rho$ 为水的密度；$p$ 为砂层孔隙水的压强；$K$ 为砂层的渗透系数；$\mu$ 为水的动力黏度；$\vec{u}$ 为流体的渗流速度矢量；$Q_m$ 为源项。

可以看出，地层温度场的对流导热过程受到渗流场流体流动的影响，但同时地层渗流场的渗透系数受到温度场的影响。考虑渗透系数在冻结过程的变化，可使用海维赛德函数描述渗透系数随温度的变化过程：

$$K(T)=K_u\times H(T)+K_f\times[1-H(T)] \tag{6-4}$$

式中，$K_u$ 为未冻土的渗透系数，m/d，可通过物理试验测定得到；$K_f$ 为冻土的渗透系数，m/d，冻土体几乎不再透水，本次研究取值为 $1e^{-25}$ m/d；$H(T)$ 为二维阶跃海维赛德函数。

通过以上方程，建立忽略应力场的地下水渗流场、冻结温度场两场耦合关系。

### 6.1.2 基本假设

地下水渗流方向与隧道同向时，隧道对渗流场分布未产生明显改变，因此研究中不考虑这种形式，主要是针对地下水渗流垂直于隧道方向的情况。考虑到地下水的运动形式复杂多变,且与地下水流动所处的地层环境密切相关,对地下水渗流作用下联络通道水平冻结热流(TH)耦合数值计算过程作出如下假设。

(1)本模拟是以两个不透水层间顶、底板水平的均厚承压含水层或者潜水地层中的水平单向渗流,且上游充分补给、下游流动通畅从而保持上下游水头固定的稳态渗流场。该过程为不具有自由液面,处于两个不透水层之间的有压渗流,因此忽略重力影响。

(2)地下水渗流符合达西定律,不考虑地下水流速惯性项、边界层影响。地下水渗流在冻结影响的降温区属于层流状态,该区域温度对土层渗流状态影响体现在渗透系数上,与冻结锋面越接近砂层温度越低而影响逐渐增强。

(3)应力场不作为研究主体,冻结过程中的应力场变化对温度场的影响忽略不计,应力场对渗流场的影响则通过渗透系数的改变体现,从而将问题简化成热流(TH)两场耦合。

(4)砂层冻结过程中以热传导和强迫热对流为主要传热方式,冻结影响区域外的温度边界为与初始地温相同的恒温边界。

(5)冻结过程中不考虑循环盐水与冻结管复杂的热交换过程,盐水温度荷载直接施加在冻结管外壁。

(6)实际联络通道冻结工程中隧道管片的散热、空气对流换热会对冻结产生影响,多采用冷排管、保温等措施减小影响。为减少干扰因素,突出渗流对冻结影响,因此冻结过程中不考虑管片散热对土层冻结温度场的影响,盾构双隧道管片为绝热边界。

(7)研究对象砂层渗流特性参数与热物理参数均为均质、各向同性,冻结过程仅考虑随温度的变化。

根据有限元模型假设,考虑水平地下水渗流垂直于隧道方向的情况,地下水渗流条件下的联络通道水平冻结模型如图 6-1 所示。

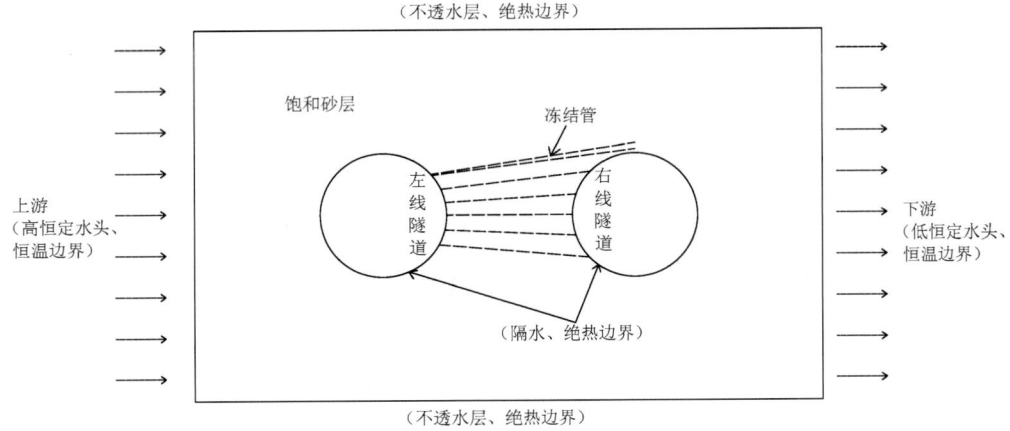

图 6-1 联络通道水平冻结模型

### 6.1.3 模型的建立

采用数值方法模拟联络通道水平冻结,由于多排管布置形式复杂,会增加物理模型试验的加工难度,不利于进行研究分析,而单排布管形式简单、规律明显,易于分析研究,因此,本研究选择以冻结孔单排等间距布置的形式来建立地下水作用下联络通道水平冻结数值计算模型。根据联络通道工程经验建立模型尺寸,考虑一般地铁隧道的几何尺寸,这里盾构隧道内直径取 5.3m,管片厚度取 0.35m,模型隧道外直径取 6m,两个隧道之间的间距取 6m,即中心距 12m。根据工程经验地铁联络通道的冻结管布置形式,同时考虑物理模拟试验研究方法的可行性,采用单侧打孔方式建立单排直墙拱形冻结管布置形式。纵截面冻结管布置形式及 A 横断面的孔位如图 6-2 所示。

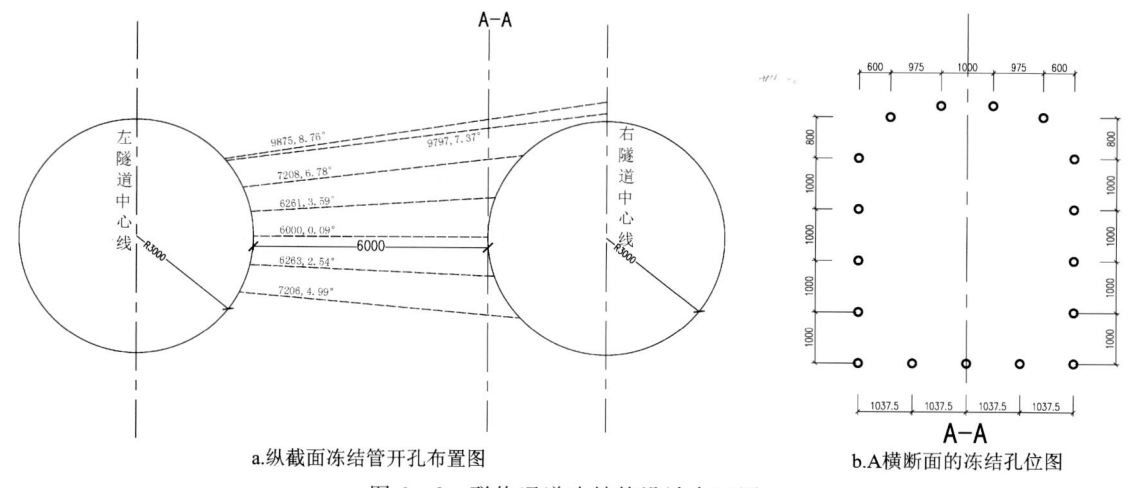

a.纵截面冻结管开孔布置图　　　　　　b.A横断面的冻结孔位图

图 6-2　联络通道冻结管设计布置图

结合联络通道几何尺寸,建立单排直墙拱形联络通道水平冻结三维数值模型(图 6-3),几何尺寸为 30m×18m×18m(长×宽×高),模拟实际高度为 18m 均厚含水砂层中双盾构隧道间联络通道水平冻结工程。由于模型三维对称取 1/2 模型计算。渗流、温度场耦合过程中岩土体物理参数随着温度变化,且冻结锋面与流场内部自由面也是动态变化,耦合计算在数学上是强非线性问题。研究中采用相似理论进行数值模拟研究,可以减小单元数量及缩小单元尺寸,极大地减小计算时间,提高计算效率;同时由于分段函数比热、导热系数和渗透系数在求解非线性方程时不容易收敛,运用光滑函数拟合等效比热、等效导热系数、等效渗透系数的方法,可以保证变量函数的光滑性及导数连续性,更加利于计算收敛。

为进一步提高计算效率,取对称模型的 1/2 计算,几何模型如图 6-4 所示。

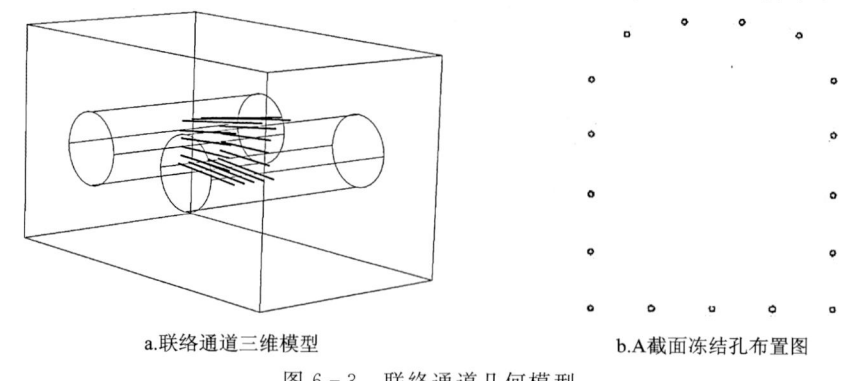

a.联络通道三维模型　　　　　　b.A截面冻结孔布置图

图 6-3　联络通道几何模型

# 6 地下水渗流对联络通道冻结温度场的影响研究

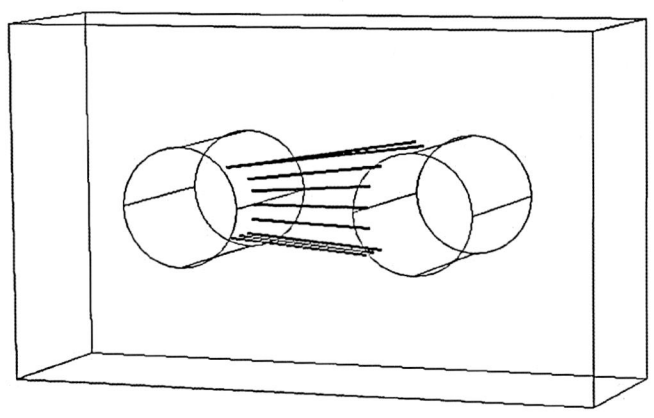

图 6-4 有限元 1/2 计算模型

边界条件与初始条件一起称为定解条件,根据所建立的有限元模型确定边界条件与初始条件。

**1. 初始条件**

温度场初始条件:给定初始地温为 20℃;渗流初始条件:给定上下游水头差形成的稳态渗流场。

**2. 边界条件**

温度场边界条件:模型对称面($x=0.6$m)为温度对称边界,模型长度方向前侧($y=0$m)、后侧($y=2$m)为恒温边界,取为地温初始值 20℃,其余模型边界面为绝热边界。本书不考虑管片散热的影响,因此隧道边界为绝热边界。

渗流场边界条件:模型长度方向前侧($y=0$m)为上游固定高水头透水边界,后侧($y=2$m)为下游固定低水头透水边界,模型对称面($x=0.6$m)为渗流对称边界,其余面均为不透水边界。

## 6.1.4 数值计算方案

为了准确地研究和评价温度场发展规律,定义相应的路径进行分析。选取 A 截面、B 截面、JB1 局部位置定义相关路径,并提取特征路径上的温度分布情况来进行分析。为了得到每个截面温度场的发展特点,每个截面根据对称性选取 3 个方向路径,分别为联络通道冻结帷幕 A 截面顶部主、界面路径 Z(J)MA1,侧墙主、界面路径 Z(J)MA2,底部主、界面路径 Z(J)MA3;联络通道冻结帷幕 B 截面顶部主、界面路径 Z(J)MB1,侧墙主、界面路径 Z(J)MB2,底部主、界面路径 Z(J)MB3。为了方便后面的分析描述,将联络通道水平冻结管内部一侧称为内侧,另一侧称为外侧,具体截面特征路径设置如图 6-5 所示。

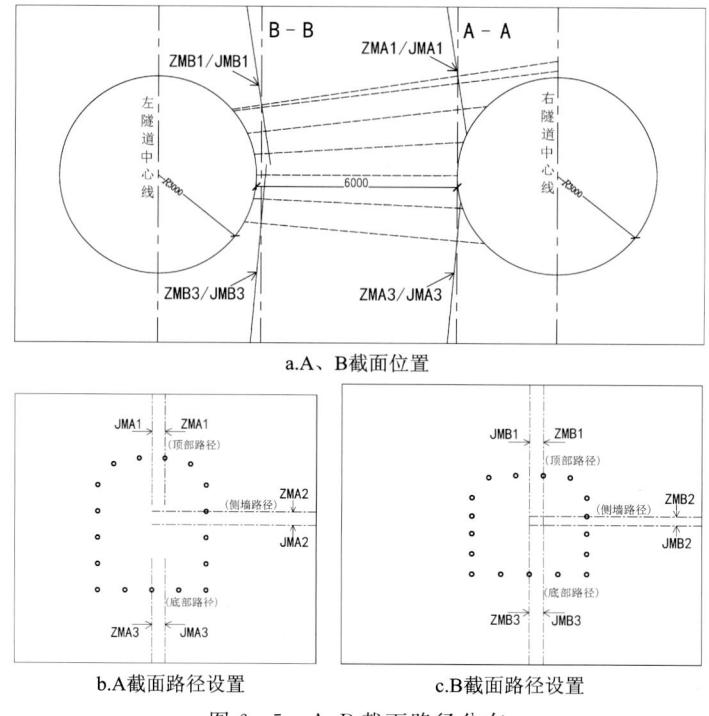

图 6-5　A、B 截面路径分布

对于联络通道打孔对侧的隧道顶部位置,冻结管间距最大,是联络通道水平冻结薄弱环节,因此按图 6-6 所示选取打孔对侧隧道顶部 JB1 位置分析温度场发展的规律。

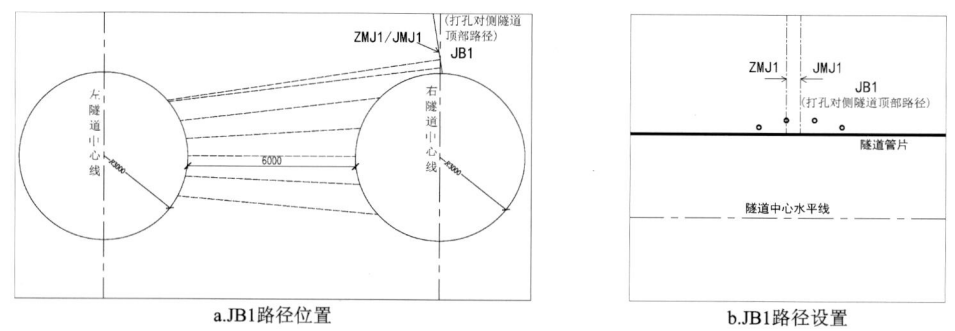

图 6-6　打孔对侧隧道顶部 JB1 位置路径分布图

## 6.1.5　数值计算结果分析

**1. 冻结壁发展规律**

根据典型参数数值计算结果,分别取累计冻结时间 1h、1.8h、2.6h、3.2h,即对应原型工程冻结时间 9.5d、17d、24.5d、30d 渗流作用下的冻结壁发展位置如图 6-7 所示。

从图 6-7a 及图 6-8b 可知,冻结 9.5d 时联络通道上顶部、下底部冻结帷幕尚未完全交圈,左、右两侧位置冻结壁首先交圈,以及打孔对侧隧道顶部位置也开始交圈。根据图 6-7,

通过图6-11有无渗流条件下的温度分布曲线对比可以看出,有渗流水作用时和静水条件时,各路径不同冻结时间的温度分布规律基本一致,但总体在温度数值上有渗流作用时导致路径上各点温度相对偏高;同时从图中可以明显看出冻结1h(原型9.5d)时,A截面底部界面路径JMA3温度最低点发生偏移,不再是静水条件下两冻结管之间中心界点的位置,冻结3.2h(原型30d)时,温度最低点又与静水条件下位置相同。

以各界面路径温度最低点温度分析,A截面顶部界面路径JMA1温度最低点冻结1h(原型9.5d)时静水条件下为−1.8℃,渗流条件下为0℃;A截面侧墙界面路径JMA2温度最低点冻结1h(原型9.5d)时静水条件下为−0.8℃,渗流条件下为−0.3℃;A截面底部界面路径JMA3温度最低点冻结1h(原型9.5d)时静水条件下为−0.8℃,渗流条件下为0.7℃。

通过提取冻结时间1h、1.8h、2.6h、3.2h来对比分析A截面顶部界面路径、侧墙界面路径、底部界面路径渗流作用下温度最低点温度相比静水条件下升高规律。

由图6-12可知,渗流条件下路径上各点温度相对静水条件下偏高,且随着冻结天数增加,渗流水导致界面路径温度最低点温度升高的温差越来越小。其中,渗流水对顶部界面路径、底部界面路径温度最低点冻结发展影响较大,侧墙路径的路径温度最低点冻结发展影响最小,导致这样现象的原因可以从上述初始渗流场分析可知,在隧道中心线连线之间靠近隧道附近即侧墙路径A2路径位置,由于双隧道的存在使得该处流速在整个流场中最小,则渗流水对冻结影响作用也最小。

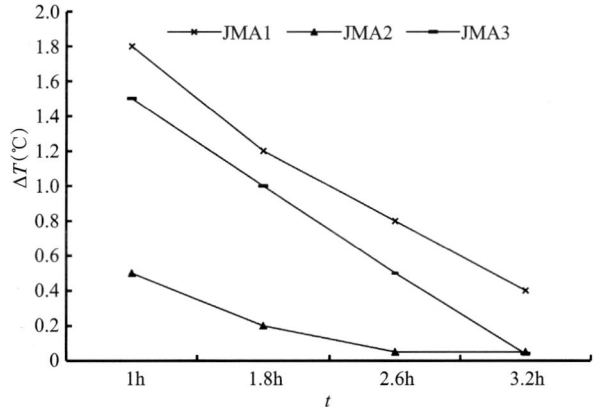

图6-12 A截面各路径温度最低点升温随时间变化曲线图
注:图中正值代表渗流条件下温度最低点温度-静水条件下温度最低点温度

## 6.2 渗流条件下联络通道水平冻结模型试验研究

### 6.2.1 模型实验设计

**1.模型试验基本假设**

物理模型试验是以相似理论为理论基础,通过相似准则推导确定相似关系建立物理试验平台,再将模型试验下获得的规律结论推广到原型工程上的一种试验研究方法。为了探究水平渗流水对双隧道间联络通道冻结温度场的影响规律,对研究问题进行合理简化,设计、开展物理模型试验研究,选定均厚饱和砂层水平渗流场中联络通道冻结过程为对象,顶、底板水平均厚的承压含水层或者潜水地层中的水平单向渗流,且上游充分补给、下游流动通畅从而保证上、下游水头固定的稳态渗流场,考虑水平地下渗流水垂直于隧道方向的情况。

考虑到整个物理模型试验系统的复杂性,为了做到试验的准确性,对盐水循环系统的稳定性、清水循环系统的流速控制,以及温度场、渗流场的边界条件等提出更高的要求,但部分试验因素是非人为控制因素,试验中需要尽量考虑减小其影响,保证试验的可行性和准确性。因此,本次试验做出如下假设。

(1)试验所使用砂层处于饱和状态,砂层中水在水平流动过程中处于层流状态,流动规律服从达西定律。

(2)试验砂层填筑过程中充分考虑了对包括冻结管之间区域在内的整个试验箱体内砂层的夯实,分层压实,边填边压,从而认为可以做到整个区域内砂层渗透系数均匀、相同。

(3)忽略冻结过程不透水冻土帷幕发展引起试验箱体内渗流水速度的变化,因此认为试验过程中控制清水循环流量的恒定即达到流速控制稳定。

(4)试验冻结机组及盐水泵可能会引起的盐水循环速率的变化对冻结的影响不作考虑,试验过程中设定盐水机组提供的盐水的温度即可。

(5)试验隧道结构为满足砂层中的受力要求,选择内部填充泡沫水泥浆,泡沫水泥浆导热系数约为 $0.06 \sim 0.28 W/(m \cdot K)$,PVC 导热系数约为 $0.14 W/(m \cdot K)$,绝热性能良好,根据测算热量损失在试验冻结时间内可以满足隧道的绝热条件,因此试验不考虑隧道结构的热量损失。

上述数值模拟研究中考虑渗流水为均厚两个不透水层间的水平渗流场,不考虑重力作用。但在物理试验中,渗流水的水平流动在重力场环境中进行,有可能会受到重力作用导致水流方向无法水平,从而影响试验结果。对此,在试验设计过程中,本试验有以下两点考虑:一是试验采用水泵密封加压的方式驱动渗流水(上部黏土层密封导流),即为非重力主导驱动的无自由面的有压渗流,因此理论上重力场对渗流影响较小,可忽略;二是试验渗流路径为 2m,试验台上部为开放自由面,地下水初始流速为 30m/d 时,分析所得渗流浸润面及渗流场分布,与不考虑重力时差别较小。

**2. 几何缩比的确定**

试验几何缩比主要考虑冻结管可加工尺寸、试验箱体平台尺寸和结构安全稳定性。模拟的原型地铁联络通道冻结工程中多采用无缝钢管,实际冻结管加工无缝钢管的可操作性高,但同时在物理试验中选择较小的几何缩比会使得整个实验平台巨大而难以进行试验。因此,综合考虑工艺尺寸安装限制和模型试验效果,本次试验的冻结管采用无缝钢管来模拟原型采用为冻结管的单排管联络通道施工。

物理模拟试验中冻结管布置间距 67mm,则交圈时冻结发展半径为 34mm,影响范围取 8 倍的发展半径,即 272mm;模拟砂层最外边界距离冻结管距离大于 306mm,取冻结影响半径为310mm。特别指出,在渗流上、下游方向影响边界距离取2倍。为了保证导流、保温效果,上部填充压实10cm厚度黏土层。因此设计试验箱体几何尺寸:长度方向为1840mm,宽度方向为938mm,高度方向为1120mm。

通过计算确定试验模型的几何尺寸为2000mm×1200mm×1300mm(长×宽×高),该尺寸可以满足试验模拟原型联络通道渗流条件下冻结过程的影响边界距离要求。同时试验箱体前后两侧需要通过蓄水室来模拟渗流水上、下游边界,蓄水室宽取100mm,因此本试验箱体最终加工尺寸为2200mm×1200mm×1300mm(长×宽×高)。

**3. 相似材料确定**

模拟试验采用试验砂,即与原型工程相同的砂材料,因此材料相似比为1,盐水循环系统所使用的冻结管、冷媒循环剂均选用与原型相同的无缝钢管、氯化钙溶液,因此盐水循环系统材料相似比为1。

**4. 渗流水运动相似**

渗流水运动相似:渗流水运动相似需满足雷诺准则,根据雷诺准则有:

$$Re_w = \frac{\varrho_3 v_n d}{\mu_w} \rightarrow \frac{C_\rho C_{v_n} C_L}{C_{\mu_w}} = 1 \rightarrow v_n' = 15 v_n \tag{6-5}$$

同时根据$\pi_\kappa$可得$K' = 15K$,即渗透系数比原型中扩大15倍,在材料相同的情况下试验中无法做到。但根据传热方程可知砂层渗透系数不影响传热,要保证渗流场对温度场的影响与原型相似,需保证渗流速度相似即可。

本次试验选取实际的地下水初始流速2m/d,试验中控制地下水初始流速即为30m/d。根据实验流体力学,由于模拟的渗流水主要由压力差驱动的两不透水层间的有压渗流,不具有自由面,流体运动重力不起主导作用,因此不考虑重力,需满足欧拉准则。根据渗流场欧拉准则有:

$$Eu = \frac{\Delta P_n}{\rho_3 V_n^2} \rightarrow \frac{C_{\Delta P_n}}{C_\rho C_{V_n}^2} = 1 \rightarrow \Delta P' = 225 \Delta P \tag{6-6}$$

由欧拉准则可得,渗流压力是原型的225倍,即可满足渗流系统动力相似。

## 6.2.2 模型试验方案

本次试验进行固定参数的渗流条件下联络通道冻结过程模拟研究,来研究试验条件下水平均厚饱和砂层中水平渗流场对联络通道冻结过程的影响规律。

地下水渗流条件下冻结温度场发展规律研究的模型试验系统包括盐水循环系统、砂层冻结系统和砂层渗流水系统,为了获得渗流条件下的温度场变化数据,需要设置4个试验系统部分,即填埋试验饱和砂及隧道冻结管的箱体系统、循环盐水的冻结制冷系统、提供水平渗流水的清水循环系统、热电偶数据采集系统。试验系统如图6-13所示。

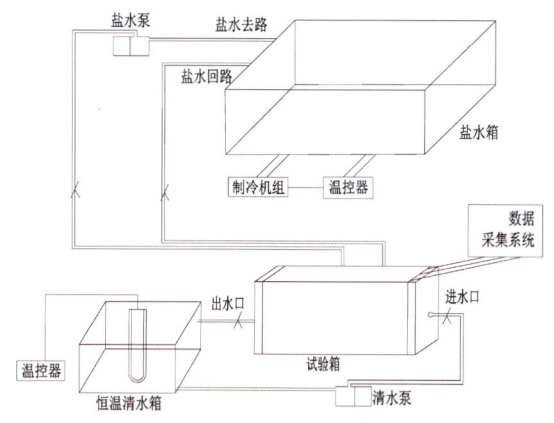

a.试验系统示意图　　　　　　　　　　b.试验系统实物图

图 6-13　试验系统图

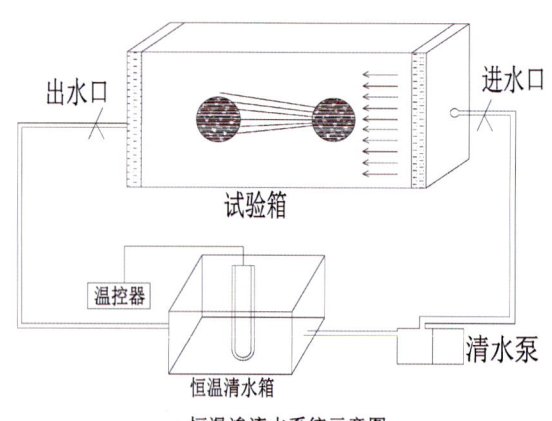

a.恒温渗流水系统示意图　　　　　　　b.恒温渗流水系统实物图

图 6-14　恒温渗流水系统图

试验恒温渗流水系统主要由清水泵、恒温清水箱、循环管路、进水及出水蓄水箱组成。试验过程中,通过清水泵加压、进水口球阀来调节进水压力,从而控制渗流速度大小。试验要求饱和砂层上游进水始终保持原始地层的恒温,因而需要通过恒温箱来保持循环清水温度恒定。

## 6.2.3　数据监测及采集系统

数据监测和采集系统是将温度传感器监测数据通过数据采集系统最终接入计算机汇总,由计算机端、传感器端和数据采集器组成。

**1. 温度监测系统**

试验中为了获得各路径上冻结发展规律,对每条路径布置温度传感器进行温度监测及盐水去、回路温度监测。

为了与数值模拟进行对比,参考数值模拟研究中选择的路径,物理试验中选择 A、B 截面

## 2. A 截面各路径测点温度变化情况

顶部主、界面路径（ZMA1、JMA1），侧墙主、界面路径（ZMA2、JMA2），底部主、界面路径（ZMA3、JMA3）各测点温度随冻结时间变化曲线如图 6-18 所示。

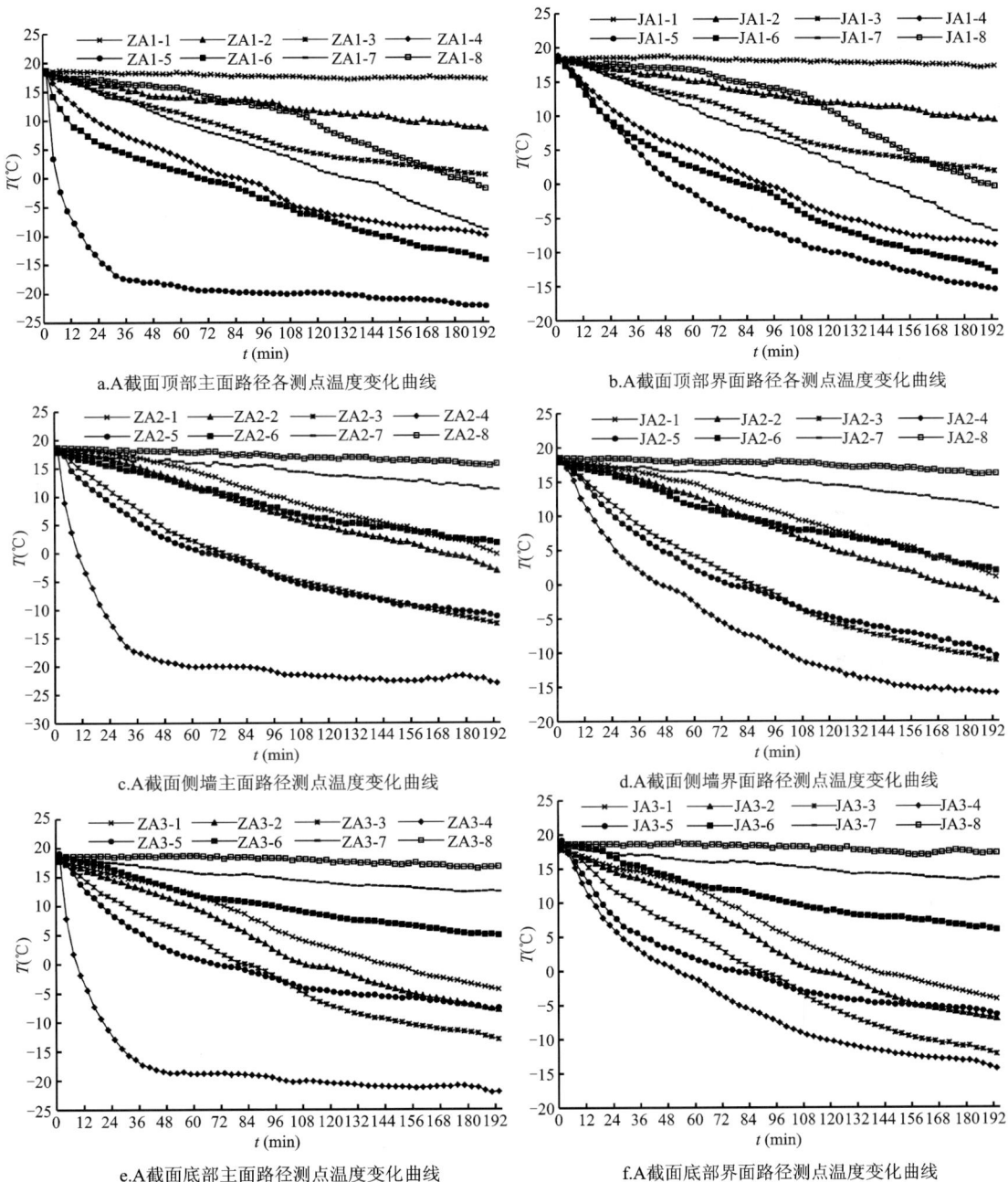

图 6-18 A 截面各路径测点温度随时间变化曲线

由图 6-18 可以看出,各位置路径(顶部路径、侧墙路径、底部路径)的主面路径与界面路径测点温度变化规律基本相同,其中各路径中主面路径位于冻结管位置的测点(ZA1-5、ZA2-4、ZA3-4)降温速度很快,这是因为其直接受到盐水管壁温度影响的降温效果,而后一直趋于平稳,最低温度达-22℃左右。总体上,各路径均是远离冻结管测点降温缓慢,影响很小,但冻结帷幕内侧的测点虽然远离冻结管,后期降温也很明显,以顶部路径 A1 为例,如 Z(J)A1-1、Z(J)A1-8 与冻结管距离均较远,Z(J)A1-1 降温较为缓慢,而处于冻结帷幕内侧 Z(J)A1-8 后期降温速度较快。

但观察顶部路径 A1 与底部路径 A3 路径可以发现,与侧墙路径 A2 路径相比,距离冻结管较近的相同距离的内侧、外侧温度测点温降规律不同:距离冻结管较近的外侧温度测点[如 Z(J)A1-3,4 与 Z(J)A3-5,6]温降速度越来越缓,呈现趋于平稳的趋势;而距离冻结管较近的内侧温度测点[如 Z(J)A1-6,7 与 Z(J)A3-2,3]温降速度未明显较慢,甚至略有加快降温速度。但侧墙路径 A2 路径上内侧、外侧路径降温速度大体接近,内侧温降与外侧温降速度差距相对较小。究其原因,是因为顶部路径 A1、底部路径 A3 路径在冻结交圈后,帷幕外侧受到渗流水影响较大,内侧较小,因此外侧温降速度有所减弱,但侧墙路径 A2 受到渗流水影响较小故此内、外侧温降差距现象不明显,这一点与数值模拟分析的规律相一致。

**3. A 截面特征路径温度分布规律**

为了研究试验中冻结温度的发展规律,提取 A 截面各路径上测点在不同冻结时间的温度分布曲线,如图 6-19 所示。

由图 6-19 可以看出,A 截面各路径温度分布曲线可以看出,主界面路径中距离冻结管越远,相应的测点温度越高,温度最低点出现在冻结管位置,其中各路径主面最低温度均为-22℃左右,界面温度最低点在-15℃左右。主面温度最低点位于冻结管位置,由于温度测点与冻结管壁无法紧密接触,同时受土层、渗流水影响而无法到达设计盐水温度。同时可以看出,在冻结管设计冻结帷幕的内、外两侧相同距离测点温度不同,外侧距离冻结管较远的测点受到冻结影响较小,最远处温度约为 18℃,而内侧各点温度较低。

**4. 冻结壁厚度和平均温度**

对物理模拟试验中各路径的冻结壁厚度和平均温度发展规律进行分析。图 6-20 是物理模拟中 A 截面、B 截面、打孔对侧隧道顶部位置各路径冻结壁厚度及平均温度随时间变化曲线。

从图 6-20a、c、e 可以看出,A 截面、B 截面、JB1 局部位置各路径冻结壁厚度发展规律基本相同,即前期发展速度较快,然后逐渐速度减缓。从图中可以看出与 A 截面各路径相比,B 截面各路径冻结壁厚度发展差异较大,且交圈时间差异较大,B 截面侧墙 B2 路径明显交圈早且冻结壁厚度发育较厚。同时发现 B 截面后期冻结壁发展趋于平稳,究其原因,是因为 B 截面内部全部形成冻土区域即"冻实心"后,内侧厚度不变化,而外侧发展缓慢使得冻结渐渐处于平衡状态。

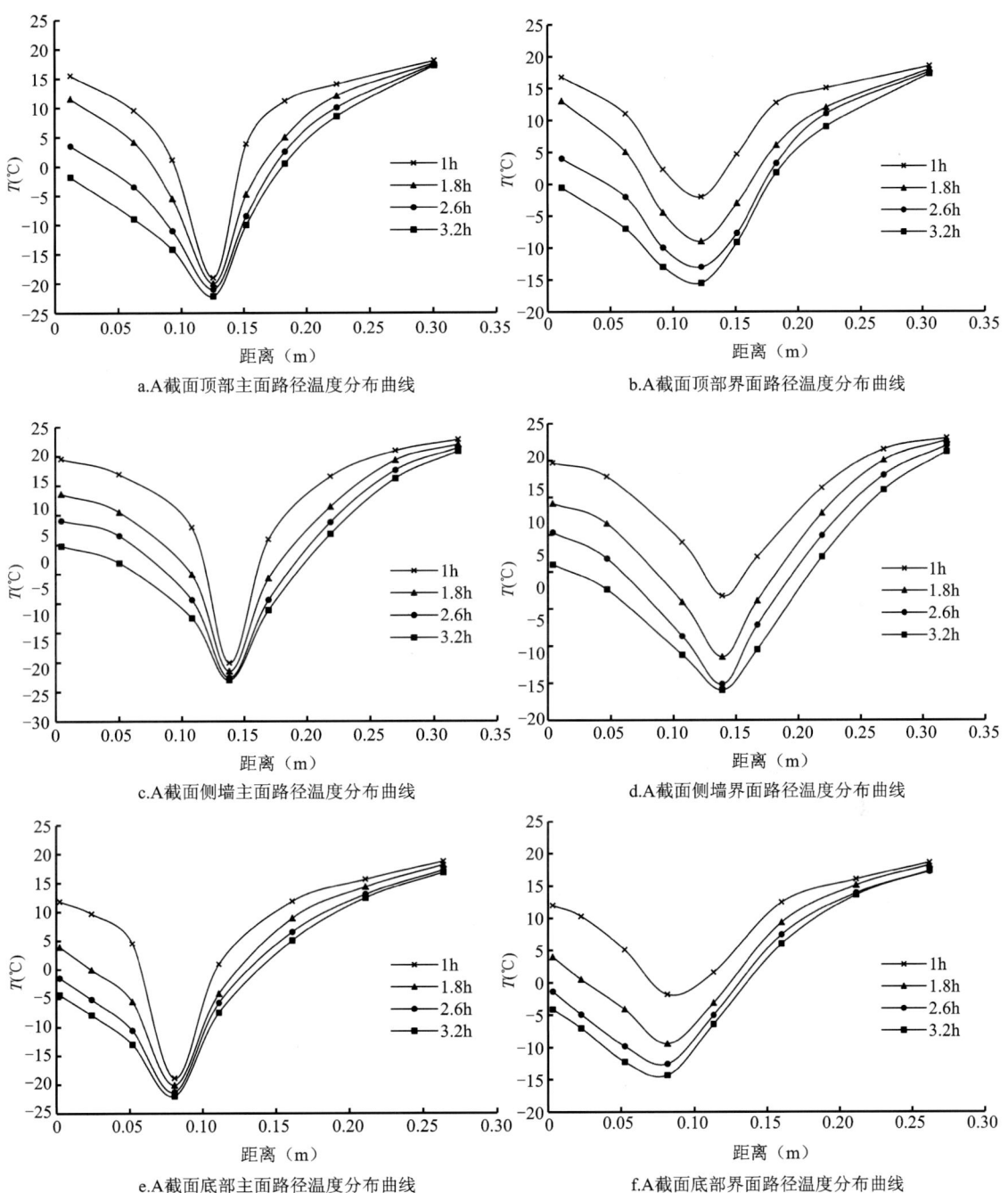

a. A截面顶部主面路径温度分布曲线　　　　b. A截面顶部界面路径温度分布曲线

c. A截面侧墙主面路径温度分布曲线　　　　d. A截面侧墙界面路径温度分布曲线

e. A截面底部主面路径温度分布曲线　　　　f. A截面底部界面路径温度分布曲线

图 6-19　A 截面各路径上测点在不同冻结时间的温度分布曲线

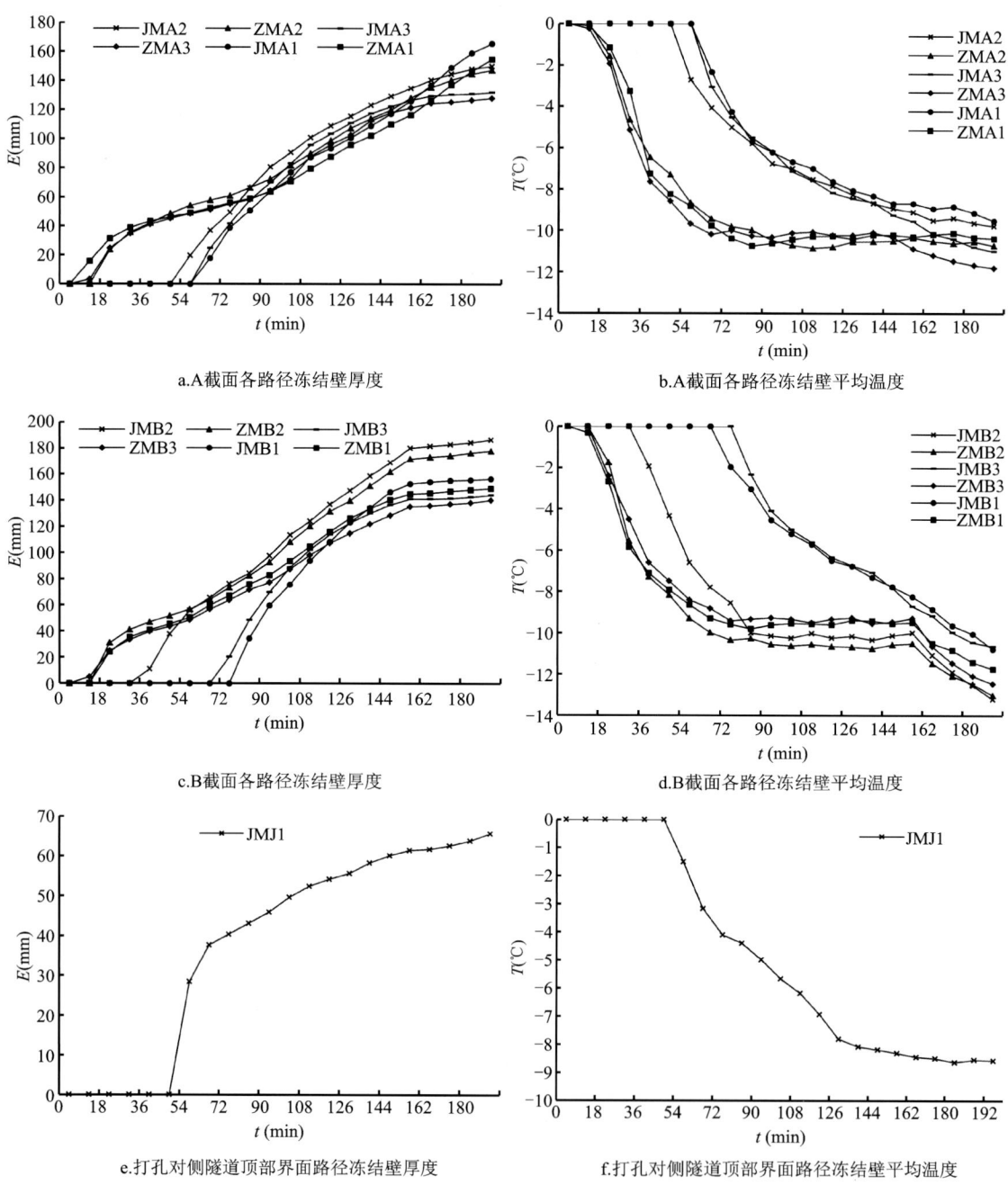

图6-20 A截面、B截面、打孔对侧隧道顶部各路径冻结壁厚度及平均温度随时间变化曲线

# 7 海底联络通道冻结施工风险应对与施工管理技术

风险管理就是通过风险识别、评估,并制定、选择和管理风险处理方案的过程,以最大限度地避免或减少风险事件所造成的影响。它的目标是通过有效的管理去避免风险的发生,或减少风险事件的发生给项目带来的损失。通过风险分析和评估,考虑种种不确定性,提出供决策的方案,力求以最小的成本获得较多的安全保障,或者以相同的成本或代价获得更多的安全保障或更小的损失。工程风险管理也称项目风险管理,是风险管理在项目中的应用,风险的研究成果被应用到项目管理中,发挥着重要的作用。一般来讲,对于一个项目的风险管理,就是通过对工程进行风险识别、风险估计和风险评价后,提出对策并加以实施。

海底联络通道水平冻结施工是一项复杂的系统工程,从施工设计到工程竣工,每道工序中都存在一定的风险。整个施工过程都在地下完成,施工过程与地质环境关系密切,并且施工可能对地面影响比较严重,当事故发生时,造成的财产损失和人员伤亡都比较严重,有时甚至是灾害性的,还有可能对已经修建的隧道结构造成影响。冻结法施工的联络通道涉及勘察、设计、施工、监理、监测等单位,因此必须建立完善的管理体系,对方案的水文地质情况与周边环境的情况、工程的难点及风险、采取的主要对策和措施、施工工艺、流程、主要设备、材料、劳动力安排、施工总体部署和计划、施工监测方法、内容和报警值、融沉处理、防护设施、应急设施和材料、应急方案和措施等,需要进行全过程、全方位的管理,严格落实施工方案中的各项工作和措施,及时发现和处理出现的问题,落实风险防范措施和应急预案,从机制、体制和管理等方面采取有效措施,保证联络通道工程的施工安全。海底联络通道工程也是地铁施工的高风险项目之一,除工程本身结构、环境复杂等造成的施工技术难度之外,施工过程的管理控制、技术方法等方面存在问题也可能对工程施工带来风险和隐患。

## 7.1 施工管理风险

### 7.1.1 联络通道施工单位履约不力

目前一般的联络通道的施工是由总承包单位进行专业分包,由分包单位自行来完成联络通道的施工。在施工过程中,可能出现总包单位为了节省工程开支,或者是照顾合作伙伴行为,选择不恰当的分包单位。施工过程中业主单位不能对分包单位进行很好的管理,造成分包单位履约不力或是违约,提高了施工过程中风险发生的可能性,或者是风险发生后不能采取合适的施工措施进行处理,使风险扩大,或是导致其他风险的发生。

风险预控的措施主要包括以下几点。

(1)联络通道分包管理由建设单位负责,统一管理和协调。

(2)联络通道分包管理也可以采取代建制度,委托有专业背景的单位管理和协调联络通道的施工。

(3)采取施工准入制度,控制施工单位的资质和施工水平,保证施工的质量。

(4)联络通道关键施工工序的开工实行开工令制度,对关键工序的开工由监理、设计和施工单位共同对开工条件验收合格后,发出开工指令。

(5)委托专门的单位或部门对联络通道施工过程和竣工验收进行监督与检查。

### 7.1.2　设计方案不合理

由于水平冻结的专业性比较强,如果不选择专门的设计单位进行设计,可能会造成以下问题:①设计内容不全;②设计存在缺陷、错误和遗漏;③设计应用规范不恰当;④设计中未合理考虑工程地质条件;⑤设计未考虑施工可能性。

风险预控的措施主要包括以下两点。

(1)采取设计准入制度,选择具有专业资质并有良好业绩的专业设计单位完成联络通道的设计。

(2)影响较大的重要工程设计方案需要通过专家会议审定。

### 7.1.3　施工过程不合理

由于水平冻结施工的专业性比较强,如果不选择专门的、具有丰富经验的施工单位进行施工,可能会造成以下问题:①采取的施工工艺落后;②制订的施工技术和方案不合理;③采取的安全措施不恰当;④具体施工工艺流程不科学。

风险预控的措施主要包括以下几点。

(1)采取施工单位准入制度,选择具有专业资质、有良好业绩特别是具备联络通道施工经验的施工单位完成联络通道的施工。

(2)施工组织设计需要经过专家会议审定。

(3)施工前对施工人员进行针对性的培训。

(4)完善相应的施工制度建设,在施工前将具体的施工工序要求和标准交底到施工的工人。

### 7.1.4　监理工作不到位

由于水平冻结和开挖构筑的专业性,如果监理人员没有相应的专业背景和施工经验,就很难对施工的过程进行监理和控制,造成对整个冻结施工和构筑过程监管不力,不能很好地发挥监理作用。

风险预控的措施主要包括以下两点。

(1)要求监理单位指派具有相应专业背景和施工经验的监理人员对联络通道的整个施工过程进行监理。

(2)施工过程中,委托懂专业、具备相应施工经验的专业机构进行监测,对整个施工过程进行指导和监督。

### 7.1.5 施工人员对施工工艺不熟练

针对施工的专业性,需要施工人员具备一定的施工经验或经过系统的培训,才能更好地把握施工的过程,降低风险发生的可能性。如果施工人员不熟悉施工的基本工序流程,可能造成施工过程中问题的出现,从而导致相应风险的发生。

风险预控的措施主要包括以下3点。

(1)选择有丰富经验的施工单位进行施工。

(2)制订完善的施工标准和具体的施工规程,作为工程作业的指导和验收标准。

(3)施工前对全体从业人员进行专业培训,使工人了解并熟悉具体的操作规程和标准。

### 7.1.6 工序衔接和配合不恰当

联络通道冻结施工、开挖施工和结构构筑施工一般都是由不同的单位或部门来完成,在实际施工中一般缺乏必要的协调和配合,后续的工序施工可能会对已经进行的施工造成影响。比如开挖施工和临时支护施工中,如果不考虑冻结施工的情况,可能导致冻结壁的变形加大,影响冻结壁的安全。在施工中要考虑冻结施工情况,根据冻结壁的变形情况及时调整开挖的步距和支撑间隔,同时冻结施工也要根据开挖的进度调整循环盐水的温度,既保证冻结帷幕的安全,又保证开挖施工的进度和安全。所以,如果工序衔接和配合不恰当,可能会造成施工进度缓慢,或者导致其他风险的发生。

风险预控的措施主要包括以下3点。

(1)冻结施工、开挖施工和结构构筑施工过程中进行信息化监测,通过监测数据及时调整施工工艺和进度。

(2)施工单位指派专人或专门部门负责施工过程中的信息化监测工作,并及时将监测数据上报建设单位和监理单位。

(3)施工过程中的监测委托专业机构进行。

### 7.1.7 风险应急组织不得当

当施工中风险发生时,需要及时组织好风险处理和应对,如果风险应急处理组织不合理,缺乏有效指挥,可能会造成风险应对不及时,延误了风险处理的时机,导致风险的扩大,或者导致其他风险的发生。

风险预控的措施主要包括以下3点。

(1)施工前成立风险应急领导小组,并且分工明确。

(2)重要节点(如钻孔开孔、打探孔、拆除钢管片等)施工时,施工单位技术负责人和监理人员应在现场进行指挥与协调。

(3)整个施工过程中保证通信的畅通,在施工现场安装视频和通信电话,保证地面及时掌握施工现场的情况。

## 7.2 施工技术风险

### 7.2.1 地质水文条件意外风险

联络通道周围的地质水文条件对冻结施工和开挖施工的影响比较大,如果联络通道位置地质水文条件不准确,或者是结构周围土层和冻土的物理、力学参数不准确,可能会造成设计错误,导致施工的失败。

风险预控的措施主要包括以下两点。

(1)利用盾构推进过程中获得的地质资料来校核联络通道位置的工程地质水文条件。

(2)必要时,补充适当的实验室试验,获取工程需要土层的冻土物理力学基本参数。

### 7.2.2 风险处理缺乏应急方案

在施工风险发生前,应制订风险应急预案。如果缺乏风险应急预案,风险发生时较难采取合适的、有针对性的应对措施,延误处理时机,导致风险的扩大。

风险预控的措施主要包括以下3点。

(1)施工前,施工单位要完成施工风险应急预案编制。

(2)施工单位制订的风险应急预案要在施工前报监理单位审批。

(3)关键工程施工中,将风险应急预案作为施工组织设计重要的组成部分,报专家会议论证,并根据专家意见进行修改和补充。

### 7.2.3 施工组织设计编制不科学

由于冻结施工的复杂性,施工过程影响的因素比较多,如果施工单位缺乏经验,编制的施工组织设计不科学,本身存在较大的施工风险,按照这样的施工组织设计来组织施工,可能会造成风险的发生。

风险预控的措施主要包括以下两点。

(1)施工单位完成的施工组织设计须经过施工单位总工程师审批。

(2)施工组织设计须召开专家论证会议进行论证,并根据会议的意见进行修改和补充。

### 7.2.4 施工制度不完备

如果施工过程中的施工制度不完备,可能造成施工工序组织缺乏有效的检查和监督,导致施工的标准和施工组织水平下降,引起风险的发生。

风险预控的措施主要包括以下两点。

(1)建立完善的施工制度,施工单位施工前将主要工序的施工制度报监理单位审批。

(2)联络通道关键工序的开工条件、施工过程和竣工验收有具体的施工要求与标准,由监理单位和施工单位共同进行监督与检查。

### 7.2.5 应急物资和设备准备不充分

由于联络通道的施工现场一般在两个车站的中部,离两端的车站都比较远,材料从地面运输到施工现场需要一定的时间,当风险发生需要应急物资时,再从地面运输应急物资和设备,将会延误风险处理的时机,影响对风险的及时处理。

风险预控的措施主要包括以下 3 点。

(1)应急物资和设备的种类与数量作为应急预案的重要组成部分,需要得到监理单位的认可。

(2)施工前,在施工现场附近按要求准备应急物资和设备,并由监理单位逐项验收。

(3)验收有固定的表式,并及时归档。

### 7.2.6 缺少风险控制节点措施

由于联络通道是在隧道施工结束后进行施工,如果施工过程中发生不可控风险时,可能对联络通道施工带来灾难性的影响,甚至对已建成的隧道和地面的建筑造成破坏性影响,所以需要在施工过程中设置风险控制节点措施。

风险预控的措施主要包括以下两点。

(1)在开挖侧隧道预留洞口上安装应急防护门,若出现不可控突发事件,关闭应急门,保证隧道和地面建筑的安全。应急门的结构形式和安装结构一般如图 7-1 和图 7-2 所示,具体施工中要根据联络通道的施工资料进行校核和修改。

(2)在施工现场配备空压机为防护门供气,同时要求防护门有一定的耐压值,使用气压为水土压力提供平衡,保持开挖面的稳定。

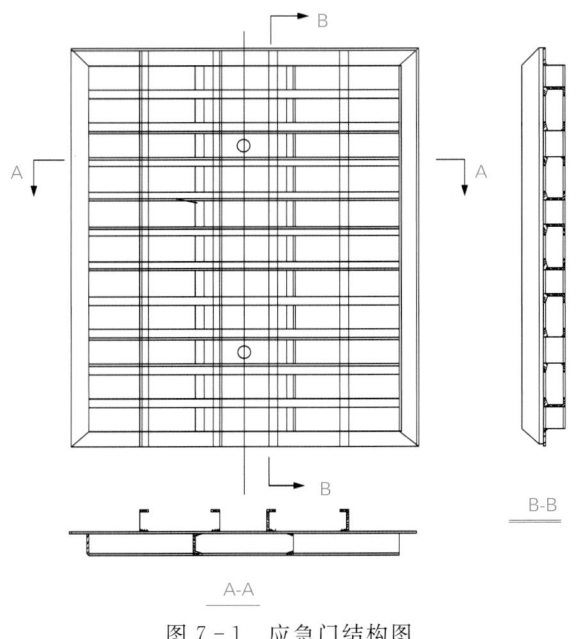

图 7-1 应急门结构图

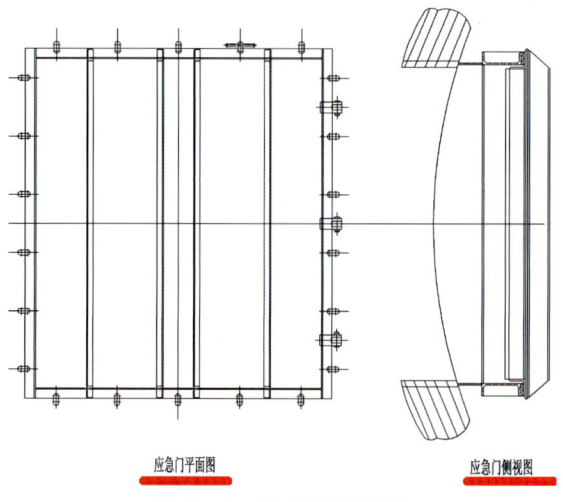

图 7-2 应急门安装图

## 7.3 施工过程风险

### 7.3.1 冻结孔施工

**1. 开孔过程中出现涌水、涌砂**

由于冻结孔施工位置一般都处在地下水位以下，如果不采取措施，直接在混凝土管片上开孔，可能会出现涌水、涌砂现象，所以一般都采取专用的孔口管。如孔口管固定不牢固，也会出现涌水、涌砂现象，甚至会出现喷砂现象，导致水土流失严重，造成隧道管片变形或者海底产生大的沉降。

风险预控的措施主要包括以下 3 点。

(1)采用专用的孔口防喷密封装置。一般的孔口防喷密封装置结构如图 7-3 所示。

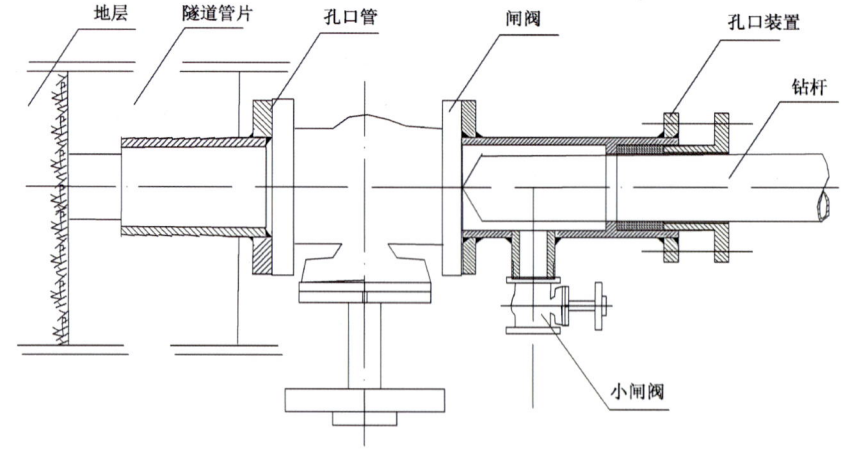

图 7-3 孔口防喷密封装置结构图

(2)采取两次开孔方式完成开孔施工,即第一次使用取芯钻将混凝土管片钻进一定距离,而不全部钻透。待安装固定好孔口管后,再将管片钻透,并开始钻进施工。

(3)孔口管使用4个膨胀螺丝固定在混凝土管片上,并使用焊接连接,保证孔口管固定的牢固。

**2. 钻进过程中出现涌水、涌砂**

钻进过程中要控制水土的流失量,如果孔口密封装置未压紧,或者是钻机顶力不够,可能会造成水土顺钻杆或密封装置流出。当水土流失量大时,会造成隧道管片的变形或引起地面的沉降。

风险预控的措施主要包括以下4点。

(1)钻进过程中使用冻结管作为钻杆,钻孔完成后不将钻杆抽出,避免水土涌出。

(2)钻进尽量使用干钻,当钻不进时,再通水,同时控制水土的流失量。

(3)如果钻进过程中水土的流失量过多,在冻结孔施工结束后进行孔位注浆。

(4)钻进过程中要经常检查孔口密封装置,及时紧固螺丝,防止水土从孔口密封装置的缝隙中流出。

**3. 冻结孔施工偏差太大**

冻结管的施工精度直接影响冻结的效果,如果冻结孔的施工偏差过大,可能会造成后续的冻结施工存在薄弱环节,从而影响开挖和构筑施工。引起冻结孔偏差大的原因主要有开孔位置偏差大和开孔角度偏差大。

风险预控的措施主要包括以下3点。

(1)冻结孔施工前,按照设计图将所有冻结孔的开孔位置布置在混凝土管片上,并由施工技术负责人和监理人员复核开孔位置。

(2)钻孔过程中,要定期复测钻进角度,避免钻进角度偏差大。

(3)钻孔完成后,及时进行测斜,如果冻结孔的偏斜角度超过设计允许值,需要在适当位置补打冻结孔。

### 7.3.2 冻结施工

**1. 冻结施工不连续**

冻结施工一般要求连续冻结,如果冻结过程中出现停电或设备故障时,可能造成停止冻结超过24h的情况。停止冻结后,会造成已经形成的冻结帷幕停止发展或解冻,影响形成的冻结壁的强度,需要延长冻结时间来保证形成冻结壁的质量。如果在开挖和构筑阶段出现停止冻结的情况,可能在短时间内造成冻结帷幕强度降低,变形加大,不能发挥围护作用,导致施工的失败。

风险预控的措施主要包括以下几点。

(1)准备备用设备。对于关键的设备,主要包括冷冻机、清水泵、盐水泵等,按设计准备一套备用设备,在施工前接入系统并试运转正常,当某一设备出现故障后,及时启用备用设备,短期内恢复冻结。

(2)准备双路供电。当供电线路发生故障时,启用备用线路,恢复供电,及时恢复冻结。

(3)开挖和构筑阶段,在现场准备发电设备,以应付冻结过程中的突然停电。

(4)积极冻结期间,如果停止冻结24h以上时,需要延长冻结时间,以提高冻结壁的强度。

(5)在开挖和构筑阶段,如果出现长时间停止冻结情况,应停止开挖和构筑施工,采取保温、关闭应急门等措施,防止产生灾害性后果。

**2. 冻结帷幕存在薄弱环节**

冻结形成的冻结帷幕应保证尽可能均匀,减少薄弱环节的出现。如果冻结帷幕的薄弱环节出现变形过大、漏水等现象,可能会造成薄弱环节附近的冻结壁强度迅速降低,变形加大,引起冻结帷幕的围护作用失效。

风险预控的措施主要包括以下几点。

(1)冻结过程中加强监测,保证冻结盐水循环均匀,避免冻结过程中出现薄弱环节。

(2)冻结孔施工后,根据施工资料,分析可能出现的薄弱环节,在薄弱环节处打补孔加强冻结,同时在薄弱环节处设置测温孔,掌握整个冻结过程中薄弱环节冻结帷幕发展情况。

(3)由于混凝土管片的散热,管片和冻结帷幕交接处易出现冻结壁的薄弱环节,冻结过程中,在混凝土管片上布置冻结环管,加强薄弱环节的冻结,同时在冻结范围内管片上采取保温措施,减少管片冷量的损失。

(4)积极冻结完成后,根据监测资料分析冻结壁的形成状况,在薄弱环节处打探孔,验证冻结帷幕薄弱环节的冻结状况。

**3. 冻结管断裂**

在冻结过程中,由于盐水降温过程不规律,冻结管材质有缺陷或是连接方式不科学,或者是开挖过程中冻结帷幕的变形过大,都会造成冻结管的断裂。冻结管断裂后,不能继续冻结,同时会造成冻结管中的盐水漏失,导致冻结帷幕中出现薄弱环节。

风险预控的措施主要包括以下几点。

(1)冻结开始阶段,精心施工,保证降温符合规律,避免冻结管产生过大的温度应力。

(2)冻结过程中要加强监测,发现冻结管断裂后,要立即停止断裂冻结管的盐水循环,防止大量盐水进入冻结区域,造成冻结壁的融化。

(3)及时采取下套管等措施,对冻结管进行处理,尽快恢复冻结。

**4. 盐水漏失**

冻结过程中,如果冻结管出现渗漏或者断裂时,会导致盐水漏失,引起冻结帷幕的融化,或者使土层很难结冰,导致冻结帷幕存在薄弱环节。

风险预控的措施主要包括以下几点。

(1)加强对盐水箱盐水水位的观测,发现盐水水位波动较大时,及时分析原因。

(2)冻结孔施工完成后,要进行打压试验,保证打压压力不小于工作压力的2倍,保证冻结管的施工质量。

(3)全部冻结孔施工完成后,全部冻结孔进行复打压试验,保证所有冻结管在冻结前的质量。

(4)如果冻结管存在渗漏情况,可在冻结管中下入套管,继续进行冻结。

**5. 施工对环境造成污染**

由于冻结施工过程复杂,如果处理不当,造成盐水泄露或者是产生较大的噪音,可能会对周围环境造成污染。

风险预控的措施主要包括以下3点。

(1)选用无污染、效率高、体积小、重量轻、制冷量大、安装运输方便的冷冻机组作为制冷系统的主机。

(2)在盐水的溶解、循环、收集等环节,妥善处理,防止盐水流入地下水,对地下水造成污染。

(3)施工场地离居民区较近时,采取相应的措施,减少施工噪音的影响。

### 7.3.3 开挖施工

**1. 开挖判定条件不科学**

积极冻结形成的冻结帷幕满足设计要求,可以提供足够的围护作用时,方可进行管片的拆除工作。由于冻结过程中影响的因素比较多,而获得的测试数据相对较少,如果开挖判定条件不科学,可能会造成管片拆除后冻结帷幕不能提供足够的围护作用,导致灾难性后果的发生。

风险预控的措施主要包括以下几点。

(1)开挖条件的判定需要由建设单位、设计、施工、监理和其他相关部门确认后,方可进行管片拆除施工。

(2)开挖条件满足要求后,在适当位置打探孔验证分析结果。

(3)影响较大的重要工程,在管片拆除前,委托专业机构对冻结效果进行评估。

(4)对联络通道开挖判定条件的验收使用统一的标准。

开挖判定条件的验收标准汇总于表7-1中。

表 7-1 开挖判定条件验收标准汇总表

| | 检测项目 | 设计要求和标准 | 试验、检验方法 |
|---|---|---|---|
| 冻结设备 | 冷冻机 | 备用冷冻机 | 现场检查备用设备是否接入系统,试运转正常 |
| | 盐水泵 | 备用水泵 | |
| | 冷却水泵 | 备用水泵 | |
| | 供电保证 | 双回路供电系统正常 | 箱变前两路电源独立供电 |
| | 临时发电设备 | 设备完好 | 检查试运转 |
| 冻结运转 | 系统运行 | 在 1 个月内未发生停机 24h 以上的故障 | 冻结运转记录 |
| | 盐水管路 | 未发现冻结管盐水漏失 | 检查冻结运转记录,盐水箱水位无异常变化(24h 内盐水箱水位下降不大于 30mm) |
| | 盐水相对密度 | 盐水相对密度不低于 1.265 | 检查冻结运转记录 |
| | 盐水干管去、回路温差 | 开挖前一周内盐水干管去、回路温差不大于 1℃(个别孔可以在 1.5℃以内) | 检查监测报表 |
| | 最低盐水温度 | 去路盐水温度 20 天以上保持在 −28℃以下 | 检查监测报表 |
| | 积极冻结时间 | 累计达到设计要求 | 检查冻结运转记录 |
| 交圈判定 | 交圈判定 | 根据测温资料判定 | |
| | 泄压孔 | 打开泄压孔无泥水流出 | 现场观察连续 12h |
| | 水平探孔 | 破门前一天在防护门内未冻区打孔,孔内未冻土稳定 | |
| 冻土帷幕厚度和平均温度 | | 不小于设计值 | 按现有测温孔测温结果分析计算,在可疑薄弱面补打探孔测温 |
| 应急预案 | 防护门 | 防护门安装 | 防护门按设计施工 | |
| | 应急设备 | 空压机 | | 试运转正常 |
| | | 水泵 | | 现场检查,状态完好 |
| | | 其他设备 | 千斤顶、电锯、电焊机、冲击钻等 | 现场检查,状态完好 |
| | 应急材料 | 水泥 | 现场备水泥 | 检查现场库房 |
| | | 黄沙 | 现场备黄沙 | 检查现场库房 |
| | | 水玻璃 | 现场备水玻璃 | 检查现场库房 |
| | | 木材 | 板材和 200mm×200mm 方木 | 检查现场库房 |
| | | 工字钢 | 18♯工字钢 | 检查现场库房 |
| | | 其他材料 | 棉纱、棉被 | 检查现场库房 |
| 测量放样 | | 定出隧道开挖控制基准线,基准点误差小于 5mm | 通过分包、总包、监理三级复核 |
| 开挖指令 | | 通过专家会议评估,最后由业主、施工和监理会签同意 | 通过上级审批 |

**2. 冻结壁变形大**

开挖过程中,由于局部冻土帷幕厚度不够,冻结壁的强度低,或者支撑质量不好,冻土暴露时间过长,可能会造成冻结壁的变形过大。如果不采取措施来控制冻结壁变形的发展,可能造成冻结壁失效,不能提供足够的围护作用,致使灾害性后果的发生。

风险预控的措施主要包括以下几点。

(1)开挖施工开始后,采取加强冻结的措施,保证盐水温度不升高,提高冻结壁的强度。

(2)保证支撑结构和冻结壁紧密接触,如果支撑结构后的木背板与冻结壁之间缝隙过大,采用填砂等方法使两者之间接触紧密。

(3)开挖施工中加强对冻结壁和支撑结构变形的监测,当冻结壁和支撑结构变形过大时,采取缩小支撑间距的办法,减小冻结壁和支撑结构的变形。

(4)开挖后要及时支护,缩短开挖后冻结壁的暴露时间,必要时缩短开挖步距。

(5)支护结构完成后,在支护结构之间挂网喷混凝土,提高支撑结构的稳定性。

**3. 开挖面渗水**

如果开挖后,冻结壁存在薄弱环节,可能造成开挖面渗水,而渗水容易引起冻结壁失稳,导致冻结壁不能提供围护作用。

风险预控的措施主要包括以下几点。

(1)开挖过程中,加强观测,及时发现冻结壁的薄弱环节。

(2)对开挖面存在的薄弱环节采取保温、使用液氮冻结器加强冻结等措施,提高薄弱环节的冻结壁强度。

(3)如果开挖面有水渗出时,立即停止施工,及时通知有关人员,同时对渗水点进行处理。如果出水量小,利用快干水泥封堵。

(4)当开挖面渗水量大,形成线流,不能控制时采用砂袋堆填开挖面,控制漏水,停止开挖施工,继续加强冻结,待开挖面稳定后,恢复开挖施工。

**4. 开挖过程冻结壁超挖过大**

如果开挖过程中,开挖施工的轴线偏离设计轴线,或者是开挖尺寸控制不当,会造成冻结壁超挖过大,引起冻结厚度降低,使冻结帷幕不能提供足够的围护作用,同时会对后续的结构构筑施工造成影响。

风险预控的措施主要包括以下3点。

(1)开挖施工前,在隧道内标识开挖的轴线和开挖荒径的位置,作为开挖施工中尺寸校核的参考。

(2)在开挖过程中,定期校核开挖的轴线和开挖荒径尺寸,避免偏差过大。

(3)如果冻结壁超挖过大,需要停止开挖施工,对超挖的冻结壁进行保温、加强冻结,并对冻结效果进行评估,待冻结壁满足设计要求时,方可继续开挖施工。

### 7.3.4 构筑施工

**1. 结构施工质量不合格**

如果竣工后联络通道质量不合格,会影响到结构的使用和寿命,可能造成结构质量不合格的因素主要是材料质量不合格(主要是钢筋和混凝土的质量)和施工过程不规范。

风险预控的措施主要包括以下几点。

(1)严格控制材料质量。结构使用的钢筋和混凝土建议由业主单位指定供货单位。主要材料要有全备的合格证书资料,材料进场后立即委托专业单位进行材料力学性能测试。

(2)严格隐蔽工程验收制度。结构钢筋绑扎、防水处理等施工工序的验收要由专业监理人员完成。

(3)使用浇注的混凝土进行试块强度的检验试验,并在联络通道相同的养护条件下完成养护工作。

(4)当结构强度等质量问题有疑问时,采取其他测试手段进行检测,必要时对结构进行加固处理。

**2. 混凝土浇注不密实**

联络通道的混凝土浇注一般采取一次浇注完成施工,由于混凝土浇注过程中的施工工艺问题可能造成混凝土浇注不密实,特别是通道上部结构的混凝土浇注如果不采取针对性措施,一般会出现浇注不密实的问题,影响结构质量,可能引起质量事故。

风险预控的措施主要包括以下几点。

(1)混凝土浇注前制订针对性措施,特别是联络通道顶部结构的混凝土浇注,需要有专门的措施。

(2)联络通道的混凝土浇注过程,要求施工单位的技术负责人和监理在现场进行指导与监督,保证混凝土浇注的施工质量。

(3)浇注完成后,对易出现混凝土浇注不密实的部位进行检查,发现有不密实的部位及时进行处理。

(4)拆除模板后,对整个结构进行检查,发现混凝土有不密实部位及时进行处理。

**3. 联络通道表面不平滑**

联络通道结构完成后,模板变形、表面处理不合格等原因会造成联络通道结构的表面不平滑,或者结构尺寸与设计差别较大,影响后期的使用和美观。

风险预控的措施主要包括以下几点。

(1)全部混凝土浇注都使用钢模板,除小部分异型部位外,不允许使用木模板。

(2)钢模板在支护前,严格检查变形及表面处理情况。

(3)在模板支护和混凝土浇注过程中,要定期检查模板的变形情况,发现变形过大要及时采取加强措施。

(4)结构完成后,原则上不能对结构进行重新抹面、凿除表面等处理。

**4. 结构表面有渗水现象**

施工中,由于结构接头部分的止水或者是内防水没有处理好,会造成通道结构表面有渗水现象,影响结构的后期使用及后期通道内电器的使用。

风险预控的措施主要包括以下 3 点。

(1)结构周围的冻结帷幕解冻前,使用预留的注浆管对结构和支撑结构之间的空隙进行充分注浆。

(2)结构周围的冻结帷幕解冻后,对结构表面的渗漏点进行注浆堵漏。

(3)严格联络通道内渗漏处理的验收制度。

### 7.3.5 施工收尾工作

**1. 钢管片处理不合格**

全部结构施工结束后,需要对冻结范围内的钢管片进行防腐和抹面处理,如果处理质量不合格,会影响钢管片的使用耐久性。

风险预控的措施主要包括以下几点。

(1)主体结构完成后,将冻结影响范围内钢管片和混凝土管片的所有连接螺栓再紧固一遍。

(2)使用混凝土填筑钢管片的内格腔,并用水泥砂浆抹面处理。

(3)钢管片的肋板等外露钢构表面涂环氧沥青漆两遍。

(4)钢管片处理须经监理验收合格。

**2. 冻结孔口处理不合格**

冻结结束后,需要对冻结孔口进行处理,如果处理不合格,会影响隧道结构的使用耐久性。

风险预控的措施主要包括以下几点。

(1)冻结结束后,回收供液管,放出盐水,先用千斤顶顶出孔口管,用 50# 水泥砂浆充填冻结孔管,并封闭孔口。

(2)待水泥砂浆初凝后用氧气-乙炔割去露出隧道管片的冻结管,并在隧道管片上用遇水膨胀木橛封堵,最后再用早强水泥对管片封堵。

(3)冻结孔孔口的处理有具体的要求。

(4)冻结孔口的处理施工须经监理验收合格。

### 7.3.6 施工影响控制

**1. 冻结过程中冻胀变形过大**

施工过程中,要采取一定的措施,控制冻结过程中产生较大的冻胀变形。如果冻胀变形过大,会造成隧道混凝土管片的变形甚至是压坏,同时还会对冻结帷幕上方的管路和地面的建筑造成影响。

风险预控的措施主要包括以下几点。

(1) 确定合理的地面变形和隧道变形指标,作为施工单位控制冻胀变形的依据。

(2) 采取合适的措施控制冻胀的发生,主要包括设置泄压孔、控制冻结进程等。

(3) 影响比较大的主要工程,需要采取专门减少冻胀量的措施。

(4) 加强冻结工程对隧道变形和地面变形的监测,根据监测数据及时调整施工和采取必要的措施。

(5) 对于地面有重要建筑物或是管线的工程,冻结施工前对建筑物和管线进行加固或托换处理,避免过大的变形造成建筑物和管线的损坏,影响居民的正常社会生活。

**2. 冻结结束后融沉变形过大**

施工结束后,冻结帷幕的解冻会引起冻结区域的融沉,如果融沉变形过大,会造成隧道混凝土管片的变形,同时会对冻结帷幕上方的管路和地面的建筑造成影响。

风险预控的措施主要包括以下几点。

(1) 根据地面和隧道的变形情况,使用结构施工预留的注浆孔对冻结区域内进行跟踪注浆。

(2) 确定合适的地面变形和隧道变形的控制指标,作为跟踪注浆和停止注浆的依据。

(3) 对于地面有主要建筑物或者管线的工程,冻结施工前对建筑物和管线进行加固或托换处理,避免过大的变形造成建筑物和管线的损坏,影响居民的正常社会生活。

(4) 为了缩短跟踪注浆的时间、保证注浆的效果,在冻结结束后可采取强制解冻施工,在短期内完成冻结区域的解冻。

**3. 隧道变形过大**

在冻结施工中,冻结孔施工、冻胀变形或者融沉变形都可能使隧道产生变形,特别是联络通道位置的钢管片拆除,破坏了管片原来的受力体系,容易造成隧道产生变形。如果隧道产生的变形过大,会对以后的使用造成影响,同时也会威胁隧道的结构安全。

风险预控的措施主要包括以下几点。

(1) 在联络通道位置的隧道内部安装预应力支架,控制隧道的变形。预应力支架的结构一般如图 7-4 所示。

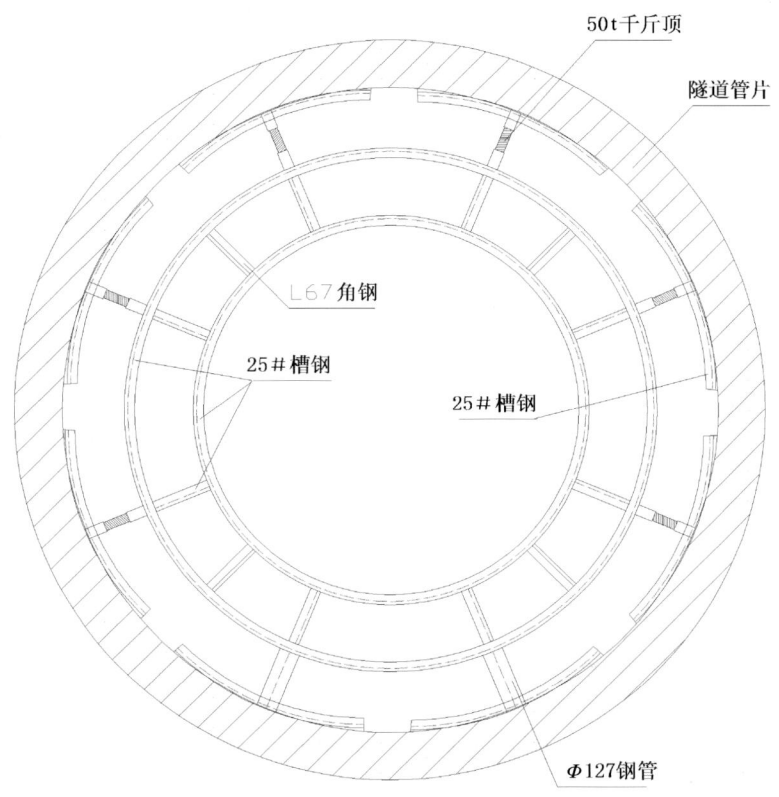

图 7-4 隧道预应力支架结构图

(2)在整个冻结过程中,加强对隧道沉降和收敛变形的监测,及时掌握隧道变形的情况。

(3)根据实测隧道收敛变形,调整预应力支架上各个千斤顶的顶力,控制隧道的变形。

(4)在冻结过程中采取合理的措施,减小冻胀量和融沉量。

**4. 冻结过程对混凝土管片的冻胀压力大**

如果冻结过程中不能及时采取措施,控制冻胀压力的产生,则过大的冻胀压力可能造成管片的变形过大,甚至使混凝土管片产生裂缝或压碎。

风险预控的措施主要包括以下 3 点。

(1)在冻结区域内布置冻胀压力测试孔,监测冻胀压力变化情况。

(2)加强对冻胀压力的监测,并根据监测数据及时采取措施,控制冻胀力的产生。

(3)在冻结过程中采取合理的措施,减小冻胀量和融沉量。

# 主要参考文献

艾华安,2006. 大流速下冻结法施工遇到的问题与对策[J]. 交通科技(3):52-54.

安维东,吴紫旺,马巍,1990. 冻土的温度、水分应力及其相互作用[M]. 兰州:兰州大学出版社.

柴军瑞,韩群柱,1997. 岩体渗流场与温度场耦合的连续介质模型[J]. 地下水,19(2):59-62.

陈长臻,杨维好,张涛,2005. 渗流作用下地层冻结壁形成的模型试验研究[J]. 煤炭学报,30(2):196-201.

陈飞熊,李宁,程国栋,2002. 饱和正冻土多孔多相介质的理论构架[J]. 岩土工程学报,24(2):213-217.

陈飞熊,李宁,徐彬,2005. 非饱和正冻土的三场耦合理论框架[J]. 力学学报,27(2):204-214.

陈盼,韦昌富,王吉利,2012. 近饱和条件下非饱和多孔介质渗流过程的数值分析[J]. 岩土力学,33(1):295-300.

陈维健,周晓敏,乔卫国,2008. 大水流地层条件下井筒冻结壁动态监控理论和技术[J]. 煤炭学报,33(9):1006-1010.

陈文豹,汤志斌,1993. 冻结法施工[M]. 北京:煤炭工业出版社.

陈锡栋,杨婕,赵晓栋,2010. 有限元法的发展现状及应用[J]. 中国制造业信息化,39(11):6-8.

陈湘生,1996. 地层冻结技术40年[J]. 煤炭科学技术,24(1):13-15.

程学磊,2014. COMSOL Multiphysics在岩土工程中应用[M]. 北京:中国建筑工业出版社.

崔广心,1990. 相似理论与模型试验[M]. 徐州:中国矿业大学出版社.

崔灏,李栋伟,2009. 水平冻结法施工温度场数值模拟与分析[J]. 低温建筑技术,31(2):98-100.

董志秋,1995. 地下动水对地层冻结影响及预防措施[M]. 北京:煤炭工业出版社.

杜圣,汪仁和,2011. 人工多圈管冻结模型试验研究[J]. 煤炭科技,37(7):52-55.

高娟,冯梅梅,杨维好,2013. 渗流作用下裂隙岩体冻结温度场分布规律研究[J]. 采矿与安全工程学报,30(1):68-73.

郭永富,梁洪振,2004. 大流速下的地层冻结[C]. 城市地下空间开发与地下工程施工技术高层论坛论文集.

胡向东,黄峰,白楠,2008.考虑土层冻结温度时人工冻结温度场模型[J].中国矿业大学学报,37(4):550-555.

及纳斯诺夫 H,苏普利克 M H,1981.立井冻结壁形成规律[M].北京:煤炭工业出版社.

赖远明,吴紫汪,朱元林,等,1999.寒区隧道温度场、渗流场和应力场耦合问题的非线形分析[J].岩土工程学报,21(5):529-533.

李亨,张锡文,何枫,2002.考虑气体压缩性的多孔材料渗透率和惯性系数的测定[J].实验力学,17(3):326-332.

李洪升,刘增利,梁承姬,2001.冻土水热力耦合作用的数学模型及数值模拟[J].力学学报,33(5):621-629.

李锐志,2015.高承压、大流速地下水对立井冻结的影响及处理[J].建井技术(3):27-29.

李志清,赤风启,2006.冻结壁未交圈的原因与处理措施[R].2006全国矿山建设学术会议.

林璋璋,杨俊杰,2003.三排冻结管冻土壁温度场分析[J].建井技术,24(3):21-24.

刘阳军,程志彬,张步俊,2014.新庄煤矿副井大流速含水岩层冻结及已建成井壁保护技术[J].建井技术(5):33-36.

彭益成,胡向东,丁文其,2009.多排管冻土帷幕平均温度特征与计算方法[J].低温建筑技术,10:89-91.

盛金昌,2006.多孔介质流-固-热三场全耦合数学模型及数值模拟[J].岩石力学与工程学报,25:3028-3033.

田子朋,张斌,崔海清,2014.黏弹性流体分形多孔介质渗流数学模型及计算方法[J].石油学报(1):118-122.

汪仁和,李栋伟,2007.人工多圈管冻结水热耦合数值模拟研究[J].岩石力学与工程学报,26(2):355-359.

汪仁和,李晓军,2003.冻结温度场的叠加计算与计算机方法[J].安徽理工大学学报(自然科学版),23(1):25-29.

王朝晖,朱向荣,曾国熙,1998.渗流作用下土层液氮冻结模型试验的研究[J].浙江大学学报(工学版)(5):534-540.

王涛,周国庆,2014.考虑土性参数不确定性的单管冻结温度场分析[J].煤炭学报,39(6):1063-1069.

王勖成,邵敏,1997.有限单元基本原理和数值方法[M].北京:清华大学出版社.

王正波,岳湘安,韩冬,2008.影响低渗透油藏低速非线性渗流的实验研究[J].矿物学报,28(1):48-54.

王正廷,伍期建,苏立凡,1995.冻结壁长期不交圈的原因与处理[R].中国煤炭学会地层冻结工程技术和应用学术研讨会.

翁家杰,周希圣,王朝晖,1998.冻土扩展的热平衡与流水速度对冻结的影响[J].地下工程与隧道(2):2-7.

吴持恭,1983.水力学[M].北京:高等教育出版社.

吴群英,林亮,2007.应用数理统计[M].天津:天津大学出版社.

仵彦卿,张倬元,1997.岩体水力学导论[M].成都:西南交通大学出版社.

夏宇君,2006.高流速地下水井筒冻结施工技术[J].建井技术,27(1):2-4.

肖朝昀,胡向东,张庆贺,2007.多排管局部冻结冻土壁温度场特性[J].岩石力学与工程学报,26(增):2694-2700.

徐炎兵,韦昌富,李幻,等,2009.非饱和土渗流与变形耦合问题的有限元分析[J].岩土力学,30(5):1490-1496.

杨平,皮爱如,2001.高流速地下水地层冻结壁形成的研究[J].岩土工程学报,23(2):167-171.

翟所国,张学如,2014.高压力大流速富水软岩地层冻结技术[J].建井技术,(6):15-18.

张经双,吴金荣,2007.人工冻结法在地铁隧道施工中的应用与发展[J].工程建设,39(1):30-32.

中仿科技公司,2007.COMSOL MULTIPHYSICS 有限元法多物理场建模与分析[M].北京:人民交通出版社.

周晓敏,郭永富,赵志福,2006.渗流作用下竖井冻结壁形成规律的仿真研究[A]//中国煤炭学会煤炭建设与岩土工程专业委员会.矿山建设工程新进展——2006 全国矿山建设学术会议文集(上册)[C].中国煤炭学会煤炭建设与岩土工程专业委员会,7-11.

周晓敏,王梦恕,张绪忠,2005.渗流作用下地层冻结壁形成的模型试验研究[J].煤炭学报,30(2):196-201.

周晓敏,肖龙阁,2007.渗流地层人工冻结温度场和渗流场之数值研究[J].煤炭学报,32(1):24-28.

朱学愚,1990.地下水运移模型[M].北京:中国建筑工业出版社.

BALKEMA A,ROTTERDAM,2000. Proceedings of the international symposium on Ground Freezing and Frost action in soils[C]. Ground Freezing.

BECKERMNN C,VISKANTA R,1988. Natural convection solid/liquid Phase change in Porous media[J]. Heat and Mass Transfer,31(1).

BRONFENBRENER L,BRONFENBRENER R,2012. A temperature behavior of frozen soils: Field experiments and numerical solution [J]. Cold Regions Science and Technology,79:84-97.

DERU M,2003. A model for ground-coupled heat and moisture transfer from buildings [D]. National Renewable Energy Laboratory,US.

FREDLUND D G,2006. Unsaturated Soil Mechanics in Engineering Practice[J]. Journal of Geotechnical & Geoenvironmental Engineering,132(3):286-321.

HANSSON K,SIMUNEK J,MIZOGUCHI M,et al,2004. Water flow and heat transport in frozen soil: Numerical solution and freeze-thaw applications[J]. Vadose Zone Journal,3:693-704.

# 主要参考文献

KONRAD J M, DUQUENNOI C, 1993. A model for water transport and ice lensing in freezing soils[J]. Water Resources Research, 29(9): 3109 – 3124.

LAI Y M, LIU S, WU Z, et al, 2002. Numerical simulation for the coupled problem of temperature and seepage fields in cold region dams[J]. Journal of Hydraulic Research, 40(5): 631 – 635.

LAI Y M, WU Z, ZHU Y, et al, 1999. Nonlinear analysis for the coupled problem of temperature and seepage fields in cold regions tunnels[J]. Cold Regions Science and Technology, 29: 89 – 96.

PIMENTEL E, PAPAKONSTANTINOU S, ANAGNOSTOU G, 2012. Numerical interpretation of temperature distributions from three ground freezing applications in urban tunneling[J]. Tunnelling and Underground Space Technology(28): 57 – 69.

SHANG S H, LEI Z D, YANG S H, 1997. Numerical simulation improvement of coupled moisture and heat transfer during soil freezing[J]. Journal of Tsinghua University: Science and Technology, 34(8): 62 – 64.

TAKASHI T, 1969. The influence of seepage stream on the joining of frozen soil zones in artificial soil frozen method[R]. Highway Research Board Report: 273 – 286.

TAN X J, CHEN W Z, TIAN H M, 2011. Water flow and heat transport including ice/water phase change in porous media: Numerical simulation and application[J]. Cold Regions Science and Technology, 68: 74 – 84.

YU B M, 2008. Analysis of flow in fractal porous media[J]. Applied Mechanics Reviews, 61(9): 1-19.